Abraham Berliner

Beiträge zur Geographie und Ethnographie Babyloniens

im Talmud und Midrash

Abraham Berliner

Beiträge zur Geographie und Ethnographie Babyloniens
im Talmud und Midrash

ISBN/EAN: 9783744638746

Hergestellt in Europa, USA, Kanada, Australien, Japan

Cover: Foto ©ninafisch / pixelio.de

Weitere Bücher finden Sie auf **www.hansebooks.com**

Jahres-Bericht

des

RABBINER-SEMINARS

zu Berlin

pro 5643 (1882-1883)

vom

CURATORIUM.

Voran geht eine Beilage von Dr. A. Berliner:
Beiträge zur Geographie und Ethnographie Babyloniens
im Talmud und Midrasch.

Berlin.
M. Driesner, Klosterstr. 50.

Beiträge zur Geographie u. Ethnographie Babyloniens im Talmud und Midrasch.

Vorbemerkung.

Seit mehreren Jahren zeigt sich auf dem Gebiete der jüdischen Wissenschaft das Streben, das rabbinische Schriftthum, wie es im Talmud und Midrasch uns erhalten ist, auch als Quelle für die Alterthumskunde kritisch zu benutzen. Diesem gewiss löblichen Streben verdanken wir eine Reihe von Monographien und Abhandlungen, denen, je nach dem relativen Werthe, Gelehrte vom Fache grössere oder geringere Anerkennung zu Theil werden lassen. Hierdurch wurde ich auf den Gedanken geführt, aus dem erwähnten Schriftthume auch die allerdings nur gelegentlich gegebenen und daher auf seinem weiten Gebiete ganz verstreuten Beiträge zur alten Geographie und Ethnographie des eigentlichen Heimathlandes für den einen der beiden Talmude (nämlich Babylonien) zu sammeln und sie zu einem Ganzen zu vereinigen. Nachdem von Layard und anderen Engländern an bis zur neuesten Zeit gerade in jenem Lande die wundervollsten Denkmale der Vorzeit aus den sie verdeckenden Trümmerhaufen ausgegraben worden sind, welche die besondere Aufmerksamkeit der gebildeten Welt auf sich gelenkt haben, dürften solche alte Zeugnisse, wie sie aus dem eigenen Lande und von jenen Zeitgenossen aus eigener Anschauung oder Beobachtung auf uns gekommen sind, nicht als ohne Werth oder ohne Interesse erachtet werden.

Was den geographischen Theil betrifft, so habe ich mit besonderem Danke drei Vorarbeiten zu erwähnen, welche ich benutzt — und, wo dies geschah, auch angeführt habe: 1. Rappoport's gelegentliche Bemerkungen im Kerem Chemed V, im Erech Millin und in den nach seinem Tode im Hammagid wie im Haschachar veröffentlichten Notizen.[1]) 2. Selig Cassel im Artikel „Juden" S. 177—187 (Ersch & Gruber, Encyclopädie II. Bd. 27)

---

[1]) So werthvoll Rappoport's Forschungen auch auf diesem Gebiete sind, so bleiben sie doch oft ohne die nöthige kritische Unterstützung, weil sie sich an veraltete Schriften, wie Forbiger, Bischof u. A. lehnen. Ritter's epochemachende Erdkunde von Asien bleibt für ihn eine terra incognita.

und 3. Neubauer, la Géographie du Talmud (Paris 1868)[1]. Wie diese Vorarbeiten mich oft zu erneuerten Untersuchungen, oft zu fortgesetzten Forschungen geführt haben, wird sich aus den Berichtigungen und Ergänzungen ergeben, welche diese Beiträge bei näherer Vergleichung bieten. Viele von diesen Verbesserungen mögen die Verfasser selbst seit der Zeit, in der ihre diesbezüglichen Publikationen erfolgt sind, in ihrem Handexemplar bereits vermerkt haben.

Viel schwieriger erging es mir bei dem ethnographischen Theile, für den ich, abgesehen von einzelnen Bemerkungen in dieser oder jener Schrift, ganz auf mich allein angewiesen war. Bei einem solchen Mangel von Vorarbeiten kann es daher nicht fehlen, dass mir Manches entgangen ist, was hier oder dort noch hätte Aufnahme finden können. Hierbei muss ich ausdrücklich bemerken, dass ich alle Beiträge für die Geschichte des Landes selbst, soweit sie nicht in den Rahmen dieser Arbeit hineingehören, ausser Acht gelassen habe, ebenso alle diejenigen Aussprüche, welche einen rein haggadischen Charakter an sich tragen und daher eines realen Hintergrundes entbehren.

Was die eigentliche wissenschaftliche Verwerthung der vorgeführten Materialien betrifft, so habe ich nicht immer auch nur einen Hinweis auf die gegenwärtige Literatur geben können, um zu weiterer Vergleichung anzuregen. Zu jener gebricht mir die geistige Kraft, zu dieser die Zeit; für das Studium derselben habe ich Beides, soweit mir zu Gebote stehend, seit mehreren Jahren für eine andere grössere Arbeit verwenden müssen.[2] Ich bescheide mich daher bei der vorliegenden Studie mit der Rolle eines Sammlers, der sich die Aufgabe gestellt hat, ein Material zusammenzutragen, welches nicht Allen — wenigstens nicht mit leichter Mühe — zugänglich ist.

---

[1] Der Kürze wegen bezeichne ich Citate aus den beiden letzterwähnten Schriften einfach mit Cassel resp. Neubauer.

[2] Es ist eine kritische Ausgabe des Targum Onkelos zum Pentateuch, welche gegen den Schluss dieses Jahres die Presse verlassen wird.

A. Babylon im Allgemeinen.

Babylon, das Land des Exils. Israel hatte das Land der Väter (Palästina) verlassen müssen, erhielt aber dafür eine neue Heimath in dem Lande, in welchem sein erstes Vaterhaus gestanden.[1]
Die Sprache dieses Landes ist der hebräischen so nahe verwandt, dass das Verständniss der Thora nicht leicht verloren gehen konnte.[2] Bei dem Ueberflusse von Datteln in Babylonien waren die Exilirten vor Mangel geschützt[3] und konnten sich daher ungestört dem Studium der Thora hingeben.[4] Von Ulla, der diesen Ausspruch gethan, (wie überhaupt dieser aus Palästina stammende Amoräer nach seiner Einwanderung in Babylonien sich oft über Land und Leute äussert),[5] erzählte man,[6] dass er einst nach Pumbedita gekommen sei, wo man ihm einen Korb voll Datteln für den geringen Preis eines Sus brachte. Erstaunt rief er aus: Für einen Sus einen Korb voll süsser Frucht — und doch finden die Babylonier keine Musse für das Gesetzesstudium! Nur zu schnell sollte er aber sein voreiliges Urtheil zurücknehmen. Als er nämlich in der Nacht (in Folge des zu reichen Genusses von Datteln) Beschwerden empfand, rief er aus: Einen Korb voll tödtlichen Giftes für einen Sus — und doch halten die Babylonier am Thora-Studium fest! —

Die Erhaltung der Gotteslehre war unter einer milden Herrschaft gesichert; denn „Gott wusste, dass Israel den Druck des tyrannischen Rom's nicht werde ertragen können; darum hat er es in weiser Fürsorge nach Babylonien wegführen lassen."[7]

---

[1] R. Jochanan's Ausspruch in der Tosefta Baba Kamma Cap. VII, womit Pessachim 87b zu vergleichen. — Ueber die Zugehörigkeit Abraham's zu Babylon siehe die näheren Quellen bei Beer, Leben Abraham's, Note 5 S. 97—100; Schrader, Keilinschriften S. 98.
[2] R. Chanina's Ausspruch im Pessachim 87b.
[3] Wie die Dattel dort fast alle Lebensverhältnisse befriedigte, s. V. Hehn, Kulturpflanzen und Hausthiere S. 217.
[4] Ausspruch Ulla's im Pessachim 87b unten.
[5] Vgl. über Ulla und seine Aussprüche Bacher, die Agada der babylonischen Amoräer S. 93—97.
[6] Pessachim 88a oben; vgl. hiermit Taanit 9b.
[7] Pessachim 87b und Gittin 17; vgl. Jeruschalmi Schebiit Cap. IV Anf. אין כבין
המלכות אונסות ברם הכא המלכות אונסות

Wasserreichthum und Fruchtbarkeit. Die Teiche Babylon's werden den ununterbrochen fliessenden Gewässern gleich geachtet.¹) Der Ausspruch des Propheten Jirmeja Cap. 50 V. 13: „Du, wohnend an grossen Wassern, reich an Schätzen," wird dahin gedeutet, dass Babylon stets gefüllte Getreide - Magazine besitze, weil es an vielen Gewässern liege. Babylon sei reich, weil man dort des Regens entbehren könne und die Ernten unabhängig vom Regenstrome seien.²) Daher auch in Babylon die Veranlassung, wie anderswo beim Regenmangel ein öffentliches Fasten auszurufen, nicht vorhanden sei.³) Im Gegentheil, man musste häufig wegen eintretender Gefahr, dass das Tiefland durch die steigenden Gewässer überschwemmt werde, besondere Gebetversammlungen unter Trompetenschall veranstalten.⁴)

Die Pflugschar, welche in dem stets feuchten, lehmigen Boden nur kurze Furchen zieht,⁵) bringt ganz besondere Erdklösse hervor, welche speziell als „babylonische" bezeichnet werden.⁶)

Die Fruchtbarkeit Babylon's, vorzüglich an Datteln, welche in Babylon des Pfropfens nicht bedürfen,⁷) ist bereits erwähnt worden. Dattelpalmen wurden vierzig Jahre vor Eintritt des Exils von den heimischen Bewohnern angepflanzt,⁸) damit die später Eingewanderten davon geniessen und dem Studium des Gesetzes bequem leben könnten.⁹) Die Verpflanzung von Cedern aus Palästina nach Babylonien soll durch Nebukadnezar bewirkt worden sein.¹⁰)

---

¹) Moed Katan 4. אגמים דבבל כמיא דלא פסקי דמו
²) Taanit 10.
³) Nach der Erklärung Raschi's in Pessachim 54b und der Tosefot zu Taanit 11b für אין תענית צבור בבבל — Für die richtige Auffassung dieser Stelle s. den sogenannten Raschi-Commentar zu Alfasi im Taanit Cap. I "שיהא אסור לאכול כ"שחשיכה ולי'אסר בנעילת הסנדל אלא בת"ב, und die begründetere Ausführung beim ר"ן z. St., unterstützt vom Jeruschalmi, auf den sich auch Ascheri nom. ראב"יה beruft. Beim nähern Eingehen an die Hand dieser Quellen wird man Rappoport's Bemerkung im Haschachar V S. 694 „וקאי על שאר תעניתים כי"ז בתמיז והטעם משום דשעת שלום היא", zurückweisen müssen.
⁴) Taanit 22b. ובגולה בתריעין
⁵) Nach Raschi in Baba Batra 26a.
⁶) Sabbat 81. כרישיני בבלייתא
⁷) Jeruschalmi Jebamot XV, 3.
⁸) Bemerkenswerth ist, was V. Hehn, Kulturpflanzen und Hausthiere S. 217 anführt: „Die ältesten Nachrichten kennen die Dattelpalme noch nicht als Fruchtbaum (s. die Ausführung bei Ritter, Erdkunde, 13, 771 ff.) Es war in den Ebenen am unteren Euphrat und Tigris, im Paradiesklima des Baumes, wo, wie Ritter urtheilt, die Kunst der Dattelveredelung von den babylonischen Nabatäern zuerst erfunden und geübt wurde. Dort zog sich meilenweit eine ununterbrochene fruchttragende Palmenwaldung fort" etc.
⁹) Einleitung zum Midrasch der Klagelieder, gegen Ende. — Im Tractat Taanit 29b wird mit Bezug auf die Worte Jirmija's 29, 11 „euch eine Zukunft und Hoffnung zu geben" gesagt: אלו דקלים וכלי פשתן; denn Beides war in Babylonien im Ueberflusse vorhanden.
¹⁰) Midrasch der Klagelieder Cap. I V. 4.

Aus der Sesampflanze¹) wurde ein Oel bereitet, welches das einzige Mittel zur Beleuchtung für die Babylonier bildete.²) Dieser Mangel an gehöriger Beleuchtung veranlasste zu dem Ausrufe: „Die Babylonier sterben in Ungemach dahin, ohne Licht und ohne Bad!"³) Aus Leinen wurden Kleidungsstücke gefertigt, welche den Hauptartikel des Handels bildeten.⁴)

Klima und Gesundheitspflege. Ueber ersteres heisst es:⁵) Uns (in dem tiefliegenden Babylon) ist die Welt (d. h. Luft) warm; aber ihnen (den Palästinensern, im gebirgigen Lande) ist die Welt nicht warm.⁶) Daher auch noch im Monat Tischri die geernteten Früchte frei auf dem Felde aufgehäuft liegen.⁷)

Die Babylonier sind frei von der Krankheit des Schleimflusses, weil sie Lattich essen und ein scharfes Getränk trinken.⁸) Auch bleiben sie vom Aussatz verschont, weil sie Lattich essen, Dattelwein trinken und sich mit Wasser aus dem Euphrat waschen.⁹) — Ein babylonischer Brei wird erwähnt, zu dem folgende Ingredenzien gehören: Molke, wodurch das Herz verstopft wird, Salz, welches den Augen schädlich ist, und schimmliges Brod, welches eine Abmagerung des Körpers bewirkt.¹⁰)

R. Jochanan musste ausspeien, so oft er an den babylonischen Brei dachte, so ekelte er ihn an. R. Joseph, der den Ruf seiner Landsleute in der Gastronomie wahren wollte, erwiederte: Wir speien aus vor dem Hühnchen des R. Abba, das nämlich nach erfolgtem Kochen übermässig gesalzen wurde und dann, so oft davon gegessen werden sollte, erst in warmes Wasser gelegt wurde.¹¹) Uebrigens galt der babylonische Brei nicht bei allen Palästinensern für so ekelhaft; denn R. Chasa erzählte, dass er einmal nach Palästina gekommen sei und dort einen babylonischen Brei bereitet habe, nach dem sogar die Kranken in jenem Lande verlangten.

---

¹) שומשמין = Sesam, s. Löw, aramäische Pflanzennamen S. 376.
²) Sabbat 26a.
³) Jerusch. Berachot IV, 1 und Bereschit Rabba Cap. 37: שהם מתים בתשנוק ist noch nicht der Etymologie nach genügend erklärt, daher ich es dem Sinne nach übersetze, besonders mit Rücksicht auf Sabbat 25b. ותונה כישלום נפשי זו הדלקת נר בשבת נשיתי טובה זו בית המרחץ
⁴) S. Baba Batra 91 und oben S. 6 Note 9.
⁵) Rosch ha-Schana 20. לדידן הביל לן עלביא לדידהו לא הביל להו עלכיא
⁶) Pessachim 87b „so tief wie die Hölle."
⁷) Taanit 4b.
⁸) Ketubot 77b שכר של היזמי, worüber Löw, aramäische Pflanzennamen S. 146 und besonders S. 231 die Mittheilung aus Plinius.
⁹) Ebendaselbst.
¹⁰) Pessachim 42 כותה הבבלי
¹¹) Sabbat 145b, nach der Erklärung R. Chananel's, in der auch R. Assa statt Abba gelesen wird.

Man ass in Babylonien auch das junge, noch grüne Gras von aufblühendem Getreide,[1]) mehr als anderswo, weil dort des üppigen Wachsthumes wegen die Getreidesaaten zwei bis dreimal gemäht werden mussten, bevor sie in Aehre schiessen konnten.[2]) — Zum Brode ass man noch dicke Graupen von Körnern aus derselben Getreideart, wie die des Brodes, was R. Seira veranlasste, die Babylonier als thörichte Leute zu bezeichnen, welche zum Brode nochmals Brod nehmen.[3]) — Die Brode hatten eine grosse runde Form, so dass sie im Ofen oft in einander gingen und die Vorstellung zuliessen, als wenn sie einander beissen möchten.[4])

Ruinen. Vom Thurmbau (Gen. 11, 4) sagt R. Jochanan (Sanhedrin 109, richtiger der Babylonier R. Chaja b. Abba im Midrasch z. St.), ist ein Drittel verbrannt, ein Drittel versunken und ein Drittel noch vorhanden. Hiermit ist das Haus Nimrod's identisch, welches von seinen früheren Verehrern als Tempel aufgegeben worden war, daher nach dem Ausspruche Rab's benutzt werden darf.[5]) Wie hier im Talmud Nimrod mit dem babylonischen Thurmbau in Verbindung gebracht wird, so auch von Josephus in den Alterth. 1, 4, 2. Nahe liegt es, die heutige Ruine Birs Nimrud hiermit zu identificiren, da בירת = בית sehr leicht denkbar ist. Uebrigens hält auch in neuester Zeit Oppert, dem auch Schrader, die Keilinschriften und das alte Testament. S. 35 folgt, den Birs Nimrud für den babylonischen Thurm der Schrift.

Von anderen Ruinen, welche noch in der Zeit des R. Hamnuna und des R. Aschi vorhanden waren, hören wir im Talmud, Berachot 57b, indem dort vorgeschrieben wird: Wer das frevelhafte Reich[6]) Babylon (nach seinem Untergange) sieht, hat einen fünffachen Lobspruch für Gottes Gerechtigkeit auszusprechen: Wenn er nämlich Babel (die Ruinen der Stadt) sieht, das Haus Nebukadnezars, die Löwengrube und den Feuerofen[7]) (aus der Zeit Daniels), die Merkursäule und die Ruinen, aus denen Bauschutt geholt wird — jedes Mal hat er einen entsprechenden Segensspruch für Gott auszudrücken, der den Untergang dieser Stätte herbeigeführt hat. — Die ehemalige Stadt Babel, welche bereits zu Strabo's

---

[1]) היזי, nach Löw, aramäische Pflanzennamen S. 155 Flechten, aber auch von zartem Gras zu verstehen; somit ist Löw's Erklärung doch nicht so wesentlich von Levy's Erklärung unterschieden „junges Weidegras oder aufblühendes Getreide", welche Löw zurückweist, die aber eigentlich Raschi's Worte bildet.

[2]) Vgl. Wiesner, Scholien S. 25 nach Plinius.

[3]) Nedarim 49b.

[4]) Pessachim 48b.

[5]) S. Aboda Sara 53b und Raschi das.

[6]) מלכות ist nach der Handschrift bei Rabbinowitz, Dikduke Soferim z. St., in unseren Ausgaben zu ergänzen.

[7]) Hierbei ist der Segensspruch zu verrichten, der für das Passiren eines Ortes, an dem einst den Vorfahren ein Wunder geschehen ist, festgestellt ist.

Zeit „grösstentheils verödet," „die grosse Stadt eine grosse Wüstenei war," bietet noch heute an ihrer Stelle eine ganze Reihe von Ruinen, über die uns genaue Berichte von Reisenden vorliegen; s. den Artikel Schrader's „Babel" in Riehm's Handwörterbuch des biblischen Alterthums. — Das Haus Nebukadnezar's ist der grosse, prachtvolle Palast, welchen er an die Residenz seines Vaters und seiner königlichen Vorfahren anfügte, und von welchem die Alten viel Rühmens machen. Einige Gelehrte, wie Oppert, haben längst geglaubt, dass sich seine Ruinen in dem Hügel befinden, welchen die Araber El Kasr (der Palast) nannten, und Rassam, welcher dort Zimmer und Korridore des königlichen Palastes wiederfand, ist dieser Ansicht aus voller Ueberzeugung beigetreten.¹) — Die Säule Merkurs stellt den Gott Nebo vor, der der göttliche Tafelschreiber genannt wird und als Erfinder der Schreibkunst gilt;²) wie er auch im Talmud, Sabbat 156, der Schreiber der Sonne heisst. — Die Stelle des feurigen Ofens, in welchen Nebukadnezar die drei Männer werfen liess, wird nach Layard, Ninewe und Babylon S. 505 noch heute nahe am Palaste dieses Königs gezeigt. — Die Ruine, aus der Bauschutt geholt wird,³) ist die, welche von den Eingebornen al Kasr, d. i. „die Burg" genannt wird und die überwiegend aus Schutt (zerbröckelten Ziegelsteinen) besteht. Auch Layard (a. a. O. S. 506) weiss, wie dieser Ort Jahrhunderte lang die Fundgrube gewesen, aus der die Erbauer von Städten, die sich nach dem Falle Babylons an dessen Stelle erhoben, ihr Baumaterial nahmen.

Im Jeruschalmi z. St. werden ebenfalls 5 Lobsprüche mit einigen Varianten angeführt, aus denen besonders hervorzuheben ist, dass statt des ersten Satzes im Babli ראה בכל אומר ברוך שהחריב ב׳ es heisst ראה פרת אומר ברוך עושה בראשית, was Z. Frankel in den Commentaren אהבת ציון sehr richtig erklärt: der Referent im Babli sah den Euphrat täglich vor sich, nicht aber der im Jeruschalmi, welcher zuvörderst an den Segensspruch dachte, den der zu verrichten hat, der einmal diesen Strom erblickt. Der erwähnte erste Satz im Babli erscheint hier zuletzt: ראה בכל אומר ומטאתיה במטאטא השמד; doch ist die Lesart im Jeruschalmi ed. Lehmann vorzuziehen, in welcher diese drei ersten Wörter nicht vorkommen, so dass der angeführte Vers aus Jesaja (14, 23) sich eng an die Worte ברוך גוזר ומקיים im Segensspruche bei Ansicht der Ruine, aus der Bauschutt genommen wird, anschliesst. Die Identificirung dieser Ruine mit Babel selbst ist nach den oben mitgetheilten lokalen Angaben ganz gerechtfertigt. Die erforderliche Fünfzahl, gemäss dem Eingange צריך לברך חמש ברכות, wird in diesem wie in jenem Falle nicht geändert.

---

¹) Mürdter, Geschichte Babyloniens und Assyriens, s. S. 251.

²) Näheres bei Schrader, Artikel Nebo in Riehm's Handwörterbuch, wo auch eine Abbildung der Nebo-Statüe (im brittischen Museum) gegeben ist.

³) Raschi das. gemäss dem Werke seines Lehrers.

Babylonische Götzen und Feste. In Sanhedrin 63b wird die biblische Angabe (2. Könige 17, 30) „und die Männer von Babel machten סכות בנות" dahin gedeutet, dass die Babylonier תרנגולה ¹), d. h. einen Götzen in Hahnengestalt sich machten. In Jerusch. Aboda Sara III, 2 wird es gedeutet התרנגולה ופרחה „die Henne mit ihren Küchlein;" indem wahrscheinlich סכות mit סְכָוֵי „Hahn" und בניה mit פרחיה in Verbindung gebracht werden. In der That findet sich auf Gemmen und Cylindern aus Babylon ²) der Hahn als symbolische Darstellung einer Gottheit. — Unter den fünf ständigen Götzentempeln (Aboda Sara 11b) werden auch der Bel-Tempel in Babylon und der Nebo-Tempel in Bursi (Bursyppa) genannt. Ersterer ist von Ur-Gur, einem der ältesten Könige, von welchem wir Denkmäler haben, erbaut; Letzterer von Nebukadnezar, unter dem Namen Ezida, d. h. das ewige Haus.³)

Babylonische Feste. Als solche werden in Aboda Sara 11b neben Festen der Perser genannt: מוהרנקי ואקניתי בחנוני ועשר באדד, Namen, die im Jeruschalmi z. St. variiren, ebenso in dem jetzt gedruckten Commentare R. Chananel's zum Traktat Aboda Sara, den auch Kohut im Aruch s. v. ואקניתא benutzt hat. Derselbe hat bereits früher in der Zeitschrift von Jeschurun ed. Kobak, Jahrg. VIII S. 40—64 einen besonderen Aufsatz über diese Namen geschrieben und hierbei auch die Versuche D. Oppenheim's zur Aufklärung der betreffenden Fremdwörter in der Monatsschrift von Frankel, Jahrg. 3 S. 347 berücksichtigt. Auch N. Brüll hat in seinem Jahrbuche I S. 166 ff. den Gegenstand einer näheren Durchforschung unterzogen, allein die Resultate bleiben hier wie dort noch immer so unsicher, dass die Akten hierüber wohl noch nicht als geschlossen zu betrachten seien, und daher hier der einfache Hinweis auf die betreffende Literatur genügen möge.⁴)

Kleidung. Die Babylonier trugen ihre Kleider festanliegend, so dass sie, sobald sie sich zu Tische setzten, genöthigt waren, den Gurt zu lösen; hierin unterschieden sie sich von den Palästinensern (Sabbat 9b).

Eine eigene Weise, wie das lange Gewand aufgeschürzt wurde, hiess die babylonische und erhielt von der Form den Namen מרוב, d. h. eine rinnenförmige Faltung des Gewandes. R. Chananel im Commentare z. St.⁵) beschreibt dieselbe nach traditer Mittheilung: Die Schärpen des langen Ge-

---

¹) Richtiger תרנגול, wie in einer handschrift. Lesart im Dikduke Soferim z. St.
²) Jetzt im britischen Museum; s. den Artikel Hühner in Riehm's Handwörterbuch des biblischen Alterthums.
³) S. Mürdter, Geschichte Babyloniens und Assyriens S. 25 und 253.
⁴) Auch Perles, etymol Studien S. 60 behandelt Einzelnes und Lagarde, Semitica I S. 65 weist קידרק sprachlich näher nach.
⁵) Sabbat 147; vgl. noch Aruch s. v. כירוב II, wo Chananel's Erklärung anonym mitgetheilt wird.

wandes, welches die ganze Figur einhüllte, wurden aufgehoben und zusammengeschlagen, der Art, dass sie auf die linke Schulter kamen, dann wurde das übrige Gewand zusammengerollt und auf die rechte Schulter geschlagen, so dass das ganze Gewand rechts und links zusammengerollt erschien, geschürzt auf die Schultern, während der Rückentheil nur hohl davon bedeckt wurde, und somit rinnenförmig (oder מרזב = Mörser?) aussah.[1]

Die im Talmud vorkommenden Benennungen für einzelne Kleidungsstücke können hier nicht in Betracht gezogen werden, da bei denselben durchaus nicht feststeht, ob sie auch in Babylon im Gebrauche waren. Eine eingehende Untersuchung der Trachten der Juden im nachbiblischen Alterthum hat A. Brüll in einer, dem Gegenstande eigens gewidmeten Schrift (Frankfurt a. M. 1873) angestellt.

Der „schöne Mantel aus Schinear," nach dem Achan seine Hand ausstreckte (Josua 7, 31), war ein „babylonischer Purpur," wie im Midrasch Genesis, Ende Sect. 85, erklärt wird.[2] Die Buntwirkerei war, wie bereits Plinius hervorhebt, in Babylon heimisch; daher erklärlich, wenn im Talmud (Pessachim 109) R. Joseph mit Bezug auf den Schriftvers „Und du sollst dich freuen an deinem Feste" (Deut. 16, 14) lehrt, dass man in Babylon die Ehefrau mit buntgewirkten Festgewändern beschenke, in Palästina dagegen mit geglätteten Leinenkleidern. In Bezug auf das Glätten, welches mit einem besonderen Stein bewirkt wurde,[3] heisst es in Taanit 29b „Das Glätten der Wäsche ist bei uns (in Babylon) das, was bei ihnen (den Palästinensern) das Waschen selbst ist;"[4] zu diesem fehlte es in Babylon an den nöthigen Reinigungs-Substanzen.

Von den Gelehrten in Babylon wird mitgetheilt, dass sie sich in der äusseren Erscheinung durch die Kleidung auszeichnen, weil das Gros sie nicht nach dem inneren Werthe, nämlich nach der Gelehrsamkeit zu hochschätzen verstehe, wie R. Chaja b. Abba zu R. Asse sagte. R. Jochanan suchte dies zu verbessern, indem er bemerkte: weil sie im Lande Fremde sind (von Palästina erst dahin gekommen) und ein Sprüchwort sagt: In meinem Wohnorte ist es der Name, der mich auszeichnet, ausserhalb desselben ist es mein Gewand.[5] Es ist derselbe R. Jochanan, der betreff seiner Kleider sagte: „diese verschaffen mir Ehre."[6]

---

[1] Klarer erhellt diese Kleidung aus Weiss, Kostümkunde I, 197.
[2] Nach Cod. München lautet die Stelle im Anschluss an den aus Josua angeführten Vers ר' הוננא בר יצחק אמור כה"ו אדרת שנער פורפריא בבלאה Im Tanchuma, Abschnitt משפטים lauten die beiden letzten Wörter: פורפריא בבליקון.
[3] S. Ketubot 10b.
[4] Taanit 29b.
[5] Sabbat 145b.
[6] Sabbat 113b.

Einwohner. Die Köpfe der Babylonier sind länglich,[1]) weil, wie Hillel zu antworten Gelegenheit hatte, es dort an gescheidten Hebeammen fehlt, welche bei der Geburt eines Kindes dem Kopfe eine andere Form geben könnten. — Eine ganze Anzahl von Unterschieden lassen sich nachweisen, welche nach vielen Richtungen hin zwischen den Einwohnern Babylon's und denen Palästina's bestehen und die sich auf örtliche Verschiedenheiten zurückführen lassen.

Wenn z. B. Samuel (in Kidduschin 29b) verlangt, zuerst verheirathe sich der Mann, dann erst trete er ein Lehramt an und R. Jochanan darauf fragend bemerkt: „einen Mühlstein trägt der Mann am Halse (d. h. er hat die Last der Nahrungssorgen zu tragen) und da soll er Musse finden, sich mit dem Studium zu beschäftigen, so erfolgt ein Ausgleich der abweichendenden Ansichten in den Worten הא לן והא להו, so bei uns und so bei Jenen.[2])

In Babylonien waren die Erfordernisse für das sociale Leben leicht zu befriedigen, die Nährverhältnisse lagen nicht ungünstig, politischer Druck war zum grossen Theile nicht vorhanden, daher das Studium der Thora viel leichter als in Palästina zu betreiben. Nicht so in diesem Lande, wo alle diese günstigen Umstände nicht zutrafen, daher der palästinensische Lehrer R. Jochanan die Regel aufstellt: „erst studiren und dann sich ein Haus gründen," während der babylonische Lehrer Samuel verlangt: „ert sich verheirathen und dann studiren."[3]) In der That war die Vorschrift in Aboth, Ende des 5. Abschnitts, nur als Norm für die Reife zur Verheirathung, nämlich das Alter von 18 Jahren, gegeben. Daher wir auch in der Praxis finden, dass man in Palästina erst im Alter von 30 oder 40 Jahren heirathete,[4]) dagegen der Babylonier R. Huna (Kidduschin 29) lehrte: Wer zwanzig Jahre alt geworden ist und noch keine Frau genommen hat, verbringt alle seine Tage mit sündhaftem Sinnen.[5])

---

[1]) סגלגל kann zwar auch die runde Form bezeichnen, allein Abot dr. Nathan Cap. 15 hat dafür ארוכות.

[2]) Wir folgen der geistvollen Auseinandersetzung Rappoport's im Artikel ארץ ישראל Erech Millin S. 226, die von Aruch s. v. רחים[2] unterstützt wird: Die Babylonier, die Grundstücke und Aecker besitzen, können Beides thun: sich eine Frau nehmen und studiren. Die Palästinenser dagegen, welchen solcher Besitz abgeht, müssen vor Allem erst ihre materielle Existenz anstreben.

[3]) Die vorangehende Boraita ישא אשה ואח"כ תורה ילמוד ללמוד תירה ולישא אשה spricht von normalen Verhältnissen in Palästina. אשה ואם אי איפשר לו בלא אשה ישא אשה ואח"כ ילמוד תורה

[4]) Midrasch zum Hohenliede, Cap. 7, V. 14: R. Levi (der in den späteren Tagen R. Jochanan's in Palästina predigte) sagte: Gewöhnlich verheiratet sich der Mann zu 30 oder 40 Jahren.

[5]) Was im Namen des palästinensischen Lehrers R. Jischmael mitgetheilt wird, dass Gott gleichsam Den verwünsche, der sich nach zurückgelegtem 20. Jahre noch nicht ver-

Von den Reichen Babylons sagt Rab, dass sie in die Hölle fahren werden; es sind die, fügt er hinzu, welche niedriger Abkunft sind. Denn wer kein Erbarmen mit den Menschen hat, der ist gewiss kein Abkömmling von Abraham.[1]) Diese Hartherzigkeit, meint R. Abbuhu, verursacht, dass der Reichthum in Babylon nicht über drei Generationen hinaus verbleibe.[2]) Den Armen, an denen es in Babylon trotz des allgemeinen Reichthums nicht fehlte, steht die Festfreude höher als in Palästina, weil sie sonst wenig Veranlassung zur Freude haben, meinte R. Asse. Nein, verbesserte R. Jochanan, weil in Babylon auf die Freude am Feste der prophetische Ausspruch (Hosea 2, 13) „Und ich mache all' ihrer Freude ein Ende: ihrem Feste, ihrem Neumond, ihrem Sabbat und all' ihren Feiertagen" keine Anwendung findet. Es sei kein Fest verflossen, wird von anderen Lehrern ergänzend hinzugefügt, an denen nicht in Sepphoris oder in Tiberias feindliche Mächte erschienen waren und die Festfreude vernichtet hatten.[3]) — Sonst findet man oft ungünstige Meinungen über die Babylonier ausgesprochen, zu denen sich palästinensische Lehrer bekannten. Zu diesen gehörte auch Ulla; als er einmal in Babylon gewisse ziehende Wolken erblickte, in Folge deren er Regen erwartete, dieser aber ausblieb, rief er aus: Wie die Babylonier lügen, so auch ihre Regen, d. h. ihre meteorologischen Anzeichen.[4]) Ein anderes Mal, als ihn die Gelehrten in Pumbedita aufforderten, sie zu Samuel b. Jehuda zu begleiten, den sie über den Verlust einer Tochter trösten wollten, lehnte er dies mit den Worten ab: Was habe ich mit den Tröstungen der Babylonier zu thun, die im Grunde nur Lästerungen sind, da sie zu trösten pflegen: Was ist dagegen zu thun? Als wenn sie bereit wären, etwas gegen Gottes Bestimmung zu unternehmen, wenn dies möglich wäre. Er ging daher allein hin und suchte den trauernden Vater in einer anderen Weise zu trösten.[5]) Dagegen weiss er von den Gesetzeslehrern in Babylon auch etwas Besonderes mitzutheilen, das sie auszeichnet. Ihr collegialisches Verhältniss

---

heirathet hat, fällt wahrscheinlich in die kurze, politisch klare Zeit vor Untergang Bether's, während dieser Lehrer selbst aus einer anderen, politisch getrübten Zeit herausspricht, wenn er fast verzweifelnd ausruft: Nachdem die tyrannische Regierung uns erdrückt und bei uns alle edlen, religiösen Regungen unmöglich macht, דין הוא שננזור על עצמינו שלא לישא אשה da wäre es recht, wenn wir uns selbst den Zwang auferlegten, keine Frau zu nehmen.

[1]) Beza 32b. Es wird hierbei die Geschichte von einem Sabbatai b. Merinos erzählt, der einst nach Babylon gekommen, um dort Geschäfte zu machen, zu denen man ihn aber nicht zuliess und ihn hierbei nicht einmal zu speisen bereit war. — Einen charakteristischen Zug von diesem Sabbatai weiss der Talmud in Baba Mezia 17a mitzutheilen.

[2]) Sebachim 113b.

[3]) Sabbat 145b.

[4]) Taanit 96; vgl. die Noten des R. Hirsch Chajes z. St. und Bacher, die Agada der babylonischen Amoräer S. 95.

[5]) Baba Kamma 38.

flösst ihnen nämlich eine solche Hochachtung für einander ein, dass Einer vor dem Anderen beim Erscheinen aufsteht und bei dem Hinscheiden eines Gelehrten alle Anderen wie um einen ganz nahen Verwandten trauern.[1] — Nirgends mehr werde so grosse Scheinheiligkeit[2] angetroffen als in Babylon, wird von mehreren Seiten bezeugt.[3] — Der Ausspruch im Munde Rab's,[4] dass von 100 Menschen 99 durch den „bösen Blick" sterben, wird dahin erklärt, dass dies von Babylon gelte, weil Rab aus eigener Beobachtung wusste, dass in diesem Lande der „böse Blick" vorzüglich herrsche und seine schädliche Wirkung übe. Aehnlich R. Jochanan, sein Zeitgenosse, in Berachot 55b.

B. Babylon im Besonderen.

Bevor wir die einzelnen Ortschaften in alphabetischer Reihenfolge vorführen, wird es nöthig sein,

Gebiet und Grenzen des Landes nach dem vorhandenen Material zu behandeln. Eine genaue Bestimmung wird hierbei nicht zu erzielen sein, wie dies eben so wenig nach anderen Quellen zu erreichen ist, weil das wechselreiche Geschick des Landes in verschiedenen Zeiten eine Ausdehnung wie eine Beschränkung des geographischen Begriffes herbeiführte.

Der gewöhnliche Name ist Babel, wobei aber oft zu prüfen ist, ob nicht die Stadt gleichen Namens gemeint sei. Schinear ist die der Schrift (Gen. 11, 1) entlehnte Bezeichnung, bei der man im Talmud den Versuch macht, wie auch bei geographischen Namen nicht selten, sie in haggadischer Manier etymologisch zu erklären „ששנערו מיתי מבול", „alle Leichen aus der Sintfluth her sind dort angeschwemmt worden."

In den assyrischen Inschriften nennen sich die Beherrscher des Landes „Könige von Sumer und Akkad." Man glaubt, dass aus Sumer der Name des biblischen Schinear (Sinear) abgeleitet sei, mit dem aber, wie jetzt sicher festgestellt ist, der südlichste Theil des Landes bis an den persi-

---

[1] Baba Mezia 33a.
[2] So nimmt Raschi hier die Bedeutung von הנופה an, in Sanhedrin 24a.
[3] Vgl. noch Kidduschin 49b und Abot dr Natan, Cap. 28.
[4] Jeruschalmi Sabbat XIV, 3 und Baba Mezia 107b. Rab gebraucht nur עין ohne Adjectiv, aber in Berachot 55b ist dafür עין רעה, im Targum zum Hohenliede 2, 6 עינא בישא.

schen Meerbusen, der sich übrigens in jenen alten Zeiten ziemlich weiter nach Norden erstreckte, als heut zu Tage, bezeichnet wird.¹) Die dritte Bezeichnung בין הנהרות „zwischen den Strömen"²) stimmt mit dem erst nach Alexander auftretenden griechischen Namen Mesopotamien³) überein, wie auch der biblische Name ארם נהרים (Gen. 24, 10) demselben für das syrische Mesopotamien entspricht.⁴) Die Bezeichnung גולה ⁵) ist die allgemeine für die ganze Diaspora,⁶) wofür auch, besonders, wenn es den speziellen Gegensatz zum heiligen Lande hervorheben soll, der Ausdruck חוץ לארץ gebraucht wird. Wenn Raschi in Sanhedrin 32b הגיא בן אחי ר׳ יהושע לגולה) ⁷אחר ר׳ erklärt לפומבדיתא unter Berufung auf Rosch ha-Schana 23,⁸) so widerstreitet dem Sanhedrin 17b, wo דייני גולה und דייני פומבדיתא unterschieden werden und als Erstere gerade die in Nehardea lehrenden שמואל וקרנא ⁹) genannt werden. Uebrigens dürfte Raschi jene Stelle in Rosch ha-Schana 23 zu wörtlich aufgefasst haben; wir wollen sie näher erörtern, um so mehr, da sie auch für eine gewisse Grenzbestimmung herangezogen werden muss.

Es wird in der Mischna mitgetheilt, dass man früher den Anbruch des Neumondes durch Feuersignale (auf Bergen) von Jerusalem nach Babylon hinmeldete. Es werden hierbei als Stationen folgende Anhöhen verzeichnet: סדר המשחה לכיטבה ומסרטבה לנרוסינא ומגרופינא להורן ומהוורן לבית בלתין ומבית בלתין לא זז משם אלא מוליך ומביא ומעלה ומוריד עד שהיה רואה כל הגולה לפניו כמדורת האש z. St. Die erste Station vom Oelberg aus, כירטבה, soll nach Schwarz, das heilige Land S. 55 eine Bergspitze in der Nähe von Nablus sein, welche die Araber Kurn (d. h. Horn, Spitze) Sartaf nennen. Neubauer, S. 42, hat diese Ansicht acceptirt. Die folgende Station גרופינא, nach einer Lesart in der Tosifta auch גריסינא, richtiger noch אגריסינה nach der Mischna-Handschrift in Cambridge¹⁰), eine vermuthlich nach der jüngeren Agrippina benannte Bergspitze. Nach dieser Station ist in der Tosefta noch תבור, der Tabor-

---

¹) Mürdter, Geschichte Babyloniens und Assyriens S 16; vgl. auch Delitzsch im Commentar zur Genesis 11, 1.

²) Kidduschin 72 nnd Erubin 19a; vgl. noch Erubin 22b „Babel wird umschlossen auf der einen Seite vom Euphrat, auf der anderen vom Tigris."

³) Der griechische Name wird in Bereschit Rabba Cap. 44 angeführt.

⁴) Aehnlich wird Alexandrien im Targum Nachum ביני נהרוותא genannt.

⁵) Allerdings in der Schrift, wie Jecheskiel 12, 3 speziell für Babylon.

⁶) S. das aramäisch abgefasste Sendschreiben in Sanhedrin 11b.

⁷) So die richtige Lesart, welche bereits R. Jesaja Berlin ermittelt hat, und die, wie R. Hirsch Chajes in seinen Noten z. St. bemerkt, mit der Lesart im Sendschreiben Scherira Gaon's harmonirt; vgl. auch übrigens Rabbinowitz in Dikduke Soferim z. St.

⁸) Raschi citirt dort Abbaja, während es bei uns R. Joseph heisst.

⁹) Dies die richtige Lesart; vgl. Näheres bei Hoffmann in Mar Samuel S 27.

¹⁰) S. Schürer, theologische Literaturzeitung 1883 No. 22 S. 510, in der Beurtheilung des Werkes „The Mishnah by Lowe."

berg eingeschoben; dann folgt, ebenso bei uns, הוורן, der bereits bei Jecheskiel 47, 16 erwähnte Hauran. Schwierig dagegen bleibt die hierauf folgende Station בית בלתין,¹) in der Tosifta בית בלתי, bei welcher bereits in der Baraita z. St. die Frage aufgeworfen wird: „מאי בית בלתין?" An welchen näheren Punkt hat man bei dieser allgemein gehaltenen Angabe, wie sie in der Mischna mit בית בלתין ²) gemacht worden ist, zu denken? worauf Rab antwortet: זו בירם „es ist hier בירם gemeint." Es wird eine Stadt erwähnt, welche an oder auf diesem Berge³) liegt, und auch bereits anderweitig bekannt ist, so Aboda Sara 57 und Kidduschin 72. Aus der letzterwähnten Stelle geht hervor, dass diese Stadt sich bereits innerhalb des babylonischen Gebietes befand,⁴) an der Grenze zwischen Syrien und Mesopotamien. Neubauer, S. 354, hält בירם identisch mit Bir oder Birat, das noch heute, nach Ritter, Erdkunde X, 925 die Karavanen, welche von Haleb kommen, passiren müssen. — In gleicher Weise wird die Frage fortgesetzt: מאי גולה? Wenn nämlich in der Mischna berichtet wird, man habe nicht früher aufgehört, das Feuersignal hin und her zu schwenken, bis man die ganze Gola (Diaspora) in Flammen leuchten sah, so bleibt es fraglich: bis zu welchem spezielleren Punkte in dem grossen Ganzen, welches mit dem geographischen Collektiv-Namen der Gola bezeichnet wird? Hierauf antwortet R. Joseph: es ist dies Pumpedita, als die zunächst jenseits des Euphrats liegende grössere Stadt hinter der letzten Grenzstation.⁵)

Aus der Stelle in Rosch ha-Schana 23b ist uns so nur ein Grenzpunkt, und auch dieser nur mit geringer Sicherheit, bekannt geworden. Grösseres verspricht uns eine andere Talmudstelle, zu der wir uns jetzt wenden müssen. In Kidduschin 71b wird nämlich erklärt, dass in Babylon mehr als in allen anderen Ländern die Reinheit der jüdischen Ehe, fern von Beimischung fremder Elemente, erhalten geblieben war.⁶) Es handelt sich

¹) Vielleicht hängt der Name mit בעלת Jerusch. Sanhedrin 1, 2 zusammen, wo man zugleich weiter sieht, wie die Form בלת hieraus entstanden ist.

²) Cassel, S. 180, dem auch Kohut im Aruch s. v. folgt, findet es nach Mannert 6, 1, 316, als von der äussersten Grenze bezeichnet, in der sonst unbekannten Gegend Baaltis des Epiphanius.

³) Dass בית בלתין einen Berg an der Grenze Babylon's bezeichnet, geht aus Jerusch. Rosch ha-Schana Cap. I hervor: „Als wir die Anhöhe von Bet Baltin erreichten, da sahen wir die Palmen Babylon's wie jene Dornsträuche an.

⁴) Die Tosefot z. St. nom. Rab. Tam halten בירם als noch in Palästina liegend.

⁵) So glaube ich die beiden Fragen מאי בית בלתין und מאי גולה, der gewöhnlichen Auffassung entgegen, zu verstehen, um aus den hierauf gegebenen Antworten den richtigen Sinn zu eruiren. Auch Cassel, S. 181 oben, weist die wörtliche Auffassung zurück; allein was er dann weiter darüber sagt, ist ganz unklar.

⁶) לא עלה עזרה מבבל עד שעשאה כסולת נקייה. Die reine Abstammung wird sinnbildlich als „feines, unvermischtes Mehl" und die vermischte, d. h. illegitime Abstam-

nunmehr nicht darum, die Grenzen des babylonischen Gebietes näher zu bezeichnen, allerdings nicht im streng geographischen Sinne, sondern wie weit innerhalb dieser Grenzen die rein jüdische Abstammung intakt geblieben war. Soweit es nöthig, soll das betreffende talmudische Material hier mitgetheilt werden.

אמר ר׳ ספא סבא משמיה דרב בכל בריאה מיחה מישון חולה עילם נוססח

Im Namen Rab's wird in Bezug auf die Reinerhaltung der jüdischen Ehe folgendes Bild von den vier Ländern, in denen damals die exilirten Juden wohnten, gegeben: Babel ist gesund, d. h. die Familien sind dort unvermischt geblieben. Mesene[1]) ist todt, d. h. es giebt dort nur illegitime Familien. Medien ist krank (aber noch lebensfähig, wie weiter erklärt wird), d. h. es giebt dort illegitime Abstammungen, aber es ist nur der geringste Theil, es kann noch gesunden, wenn es nämlich die fremden Elemente ausscheidet. Elymais liegt im Sterben, d. h. die meisten Ehen dort sind illegitim. Jetzt tritt die Frage auf עד היכן היא בבל? Wie weit geht Babylon, nämlich auf welche Theile dieses Landes findet das ausgesprochene Urtheil „es sei gesund" die richtige Anwendung? Da es sich hier nicht um wirklich geographische Grenzbestimmungen handelt,[3]) so konnten die babylonischen Lehrer Rab und Samuel in der Antwort auf jene Frage differiren. Rab sagt, bis zum Flusse עיץ; Samuel sagt, bis zum Flusse יואני.

Für עיץ liest der jerusalemische Talmud Kidduschin Cap. VI, Bl. 65d ירץ, derselbe Jebamot Cap. I, Bl. 3b ירוק; Aruch s. v. יואני hat die Lesart גנוק, welche wohl am richtigsten ist,[4]) aus der die anderen Lesarten, mit Ausnahme des ירוק, durch lautliche Aenderung in der Aussprache entstanden sind, was bereits Rappoport (Kerem Chemed V, 211) bemerkt hat.

Ueber die Identität von Gaza, Gazaka und Ganzaka vgl. man Ritter, Erdkunde, Band IX S. 774, wo auch die Lage am Ostufer des Urmia-See's

---

mung als עיסה „Mengteig" bezeichnet. Die geschichtliche Materie hierfür behandeln Grätz, Monatsschrift 1879, S. 481—508 „Illegitime Mischehen in Judäa" und Rosenthal, Monatsschrift 1881, S. 39 ff. „Ueber עיסה." Der Gegenstand bedarf aber noch immer einer eingehenden Prüfung.

[1]) Ueber Mesene vgl. Grätz, das Königreich Mesene und seine jüdische Bevölkerung (1879).

[2]) Nach עילם liest man im Jeruschalmi Jebamot I, 6 noch וגבכאי und in Kidduschin VI, 1 noch וגבבי, ebenso Bereschit Rabba Cap. 37, wofür aber bereits bei Cassel S. 178 richtig גביני Gabiane, zum nördlichen Elymais gehörig (vgl. Mannert V², 488).

[3]) Daher auch Raschi so bedeutsam hinzufügt „לויתם-; die Frage „wie weit reiche Babylon" werde bezüglich der Eheverhältnisse gestellt. In der That wird später לגיטין in Betreff der Scheidebriefe der Begriff „Ausland" von einer Seite anders aufgefasst, worüber weiter unten.

[4]) גוון זו גנוק heisst es in Jebamot 18a oben.

näher nachgewiesen wird. Auf diese Mittheilungen Ritter's greifen alle Späteren zurück; doch bei Keinem findet die oben angeführte Lesart זרוק irgendwie eine Beachtung, und doch verdient sie solche. In der That wird sie auch bei Ritter, und zwar S. 806 als Surokh, ein Fluss, erwähnt, der sich mit dem zum Urmia-See ergiessenden Dschagatu-Strom vereinigt. Wir hätten demnach zwei verschiedene Bezeichnungen, die sich aber geographisch fast decken.

Für יואני hat Jeruschalmi Jebamot 1. c. וואני, ebenso liest Aruch s. v. in Kidduschin l. c. ואני. Deutlicher wird die Lesart durch den Aruch für die Stelle in Ber. Rabba Sect. 16. Dort heisst es nämlich: Rab sagte zu seinem Sohne Chaja, baue mir ein Haus im Lande Israel[1]) und als dieser fragte, wo? antwortete er: Bis zur Furth des Stromes baue (עד לאעברת נהר בנה). Aruch liest s. v. aber auch hier (für בנה) נהר ואני, was sicher den Kanal und Strom Nahrwan[2]) bedeutet, wie auch die Stadt, welche daran liegt, den gleichen Namen trägt.

Die talmudische Diskussion fährt fort, indem die Frage aufgeworfen wird: לעיל בדיגלת עד היכא רב אמר עד בגדא ואונא ושמואל אמר עד מושכני „Oberhalb des Tigris — reicht bis wohin? Rab sagt: Bis בגדא ואונא", wofür Aruch (s. v. אונא) אבברא ואונא[3]) hat, in einer Handschrift, aus der Kohut in seinem Aruch diese Lesart mittheilt. Rappoport, Erech Millin s. v. will אוניא mit dem Wan-See in Südarmenien identificiren oder mit Landau אבברא — אוניא als Ecbatana verstehen, was Grätz, Monatsschrift II, S. 195, gründlich widerlegt hat. Cassel, S. 178, will בגרא ואונא als einen Namen ansehen und darunter das Bagravane des Ptolemäus „ab oriente fontium Tigridis" verstehen. Ebenso Neubauer, S. 332, indem er בגרא דאנינא lesen möchte. Am einleuchtendsten erscheint es, mit Kohut (im Aruch completum s. v.) Okbara und Awana festzuhalten, welche als zwei naheliegende Städte am Ostufer des Tigris (so auch bei Ritter X, 239 von Okbara) bei de Sacy, Chrestomathie I, S. 358 und bei Jâcût bekannt sind.

Samuel sagt: Bis מושכני, was nachher „bis einschliesslich מושכני" ergänzt wird. Dass hier Moxoene gemeint ist, wird von Allen angenom-

---

[1]) Cassel, S. 177, führt diese Stelle an, um zu beweisen, dass Babylon auch ארץ ישראל genannt wurde. Ich glaube aber, dass dies nicht daraus hervorgehe, da Rab den Bau des Hauses gerade im äussersten Grenzpunkte, der aber noch zu Palästina gehörte, verlangte. Auch die zweite, aus demselben Midrasch angeführte Stelle „der Tigris (הדקל) werde gross (גדיל) genannt, weil er das ganze Land Israel umgebe, was natürlich auf Babel gehen muss" erweist dies nicht im geringsten, da dieser Ausspruch bald darauf auch ganz in gleicher Weise vom פישון gethan wird: שעלה והקיף את כל א"י. Hier wie dort aber will diese haggadische Hyperbel sagen, der Fluss umschliesst „ganz א"י", d. h. das ganze jüdische Volk ein, auf das dann der folgende Schriftvers ganz passend angewendet wird.

[2]) Näheres über diese Stadt bei Ritter IX, S. 418 ff.

[3]) So liest auch (wie mir Rabbinowitsch schreibt) eine Handschrift des Traktats Kidduschin in Rom עברא für בגרא in diesen Ausgaben.

men; es wird bei Ritter X, 816 als im Osten der oberen Tigrisquellen liegend näher nachgewiesen. — Es heisst dann weiter in jener Talmudstelle ?היכא עד בדיגלת לתחתית Am unteren Tigris — bis wohin reicht es? R. Papa[1]) b. Samuel sagt: Bis zum unteren אפמיא; (es giebt nämlich zwei Apamia, ein oberes und ein unteres; das obere ist von unzweifelhaft reiner Abstammung (כשר), das andere dagegen von gemischter Abstammung (פסול). Beide liegen eine Parsa ($^1/_4$ geographische Meile) von einander entfernt. Um sich nicht ehelich zu mischen, mieden sie sich in dem Grade, dass sie nicht einmal Feuer einander gaben. Als Merkzeichen für dasjenige Apamia, welches wegen seiner Intelligitimität verschrien ist, wird angegeben, dass man dort mesenisch[2]) spreche."

Am oberen Euphrat — wie weit reicht es? Rab sagt: Bis אקרא דתולבקני; Samuel: Bis zur Brücke des Euphrat; R. Jochanan: Bis zur Furth des גיומא.

Alle drei Grenzen, die nicht so weit von einander entfernt sein können, müssen im Norden gesucht werden.

Die Burg (אקרא) oder, wie Raschi zu Megilla 6a erklärt, der Uebergang des Stromes, bei תולבקני (im Midrasch Ber. Rabba Cap. 16 תרבקנה) ist noch immer nicht sicher ermittelt. Rappoport (vorher schon Lightfoot, Bischof und Herzfeld) hat im Erech Millin s. v. an das bei Ptolemäus erwähnte Thilbencane gedacht. Lautlich ist dieses dem talmudischen Namen[3]) allerdings sehr ähnlich; allein es liegt viel zu südlich,[4]) und kann daher unmöglich zur Nordgrenze gehören. Es in dem uralten Castell, dem Römer- oder Griechenschlosse Rumkalah zu suchen, nördlich vom rechten Ufer des Euphrat, in dessen Gegend mehrere Ortsnamen mit der Vorsilbe Tel vorkommen,[5]) ist eine Vermuthung, die noch weiterer Bestätigung bedarf.[6])

Hierbei wird אקרא דתולבקני, das Castell, von der Stadt gleichen Namens durchaus zu unterscheiden sein, wie z. B. die Burg Seleucia von der Stadt Seleucia nach Makkot 10a zwei ganz verschiedene Ortschaften bezeichneten.

---

[1]) In unseren Ausgaben falsch רב שמואל; die mitgetheilte richtige Lesart ist die zweier Handschriften, wie mir Rabbinowitsch schreibt. Es bedarf daher nicht der Emendation שמואל (אמור עד אפמייא עילאה) רב wie sie Neubauer, S. 326, vorschlägt, obgleich sonst nur Samuel und Rab hier diskutiren.

[2]) Vgl. oben S 17 Mesene ist todt. — Von 2 Apamea berichten auch Ptolemäus und Stephan; vgl. bei Mannert Vb, S. 366, und bei Cassel S. 179.

[3]) Näheres noch weiter unten s. v.

[4]) Nach Ptolemäus 78° 30' L. und 35° 30' Br., somit $^1/_2$ Grad nördlicher als Babylon, s. Ritter XI, 782.

[5]) Für sehr viele dort künstlich aufgeworfene Bergkegel, Ritter X, 997.

[6]) Bei Cassel, S. 179, unter Aufwendung vieler Mühe; vgl. auch Kohut im Aruch s. v.

Was Samuel und R. Jochanan angeben, jener עד גישרא (¹ דבי פרת), dieser
עד מעברת דגיזמא ²) lässt sich mit einiger Sicherheit aus der überaus klassischen Abhandlung bei Ritter X, 959 ff. „Ueber das Land der Zeugmas"
eruiren. „Die Brücke des Euphrat", von der aus den Fluss erblickend, man
einen besonderen Segensspruch zu verrichten hat, ³) ist bei Strabo öfter
als „Zeugma (Schiffbrücke) des Euphrats, der Anfang Mesopotamien's",
genannt, die den Uebergang bei dem ganz im Norden gelegenen Samosata vermittelte. Von dieser Brücke wird aus der Zeit Abbaja's mitgetheilt, dass sie sich ursprünglich niedriger befunden habe und erst die
Perser sie später höher nach dem Norden verlegt haben, so dass eigentlich die Grenze, wie Samuel sie bezeichnen wollte, weiter hinunter zu
setzen sein müsste, doch fehlt hierzu jede Angabe. — Nimmt man גיזמא
als Transposition für Zeugma, die etwas nordwestlich von Samosata gelegene Stadt (das heutige Bir), so wird man auch R. Jochanan's מעברת דגיזמא
erklären können. Hat auch diese Stadt ihren Namen von der Brücke
(Zeugma) erhalten,⁴) so scheint doch diese nur in der ältesten Zeit existirt
zu haben, wie in der That Strabo und Plinius nur die Zeugma's bei Samosata und bei Thapsacus erwähnen. Die Brücke wird oft vom Sturme
weggerissen worden sein,⁶) und lange Zeit aufgehört haben, eine dauernde
zu sein, so dass der Uebergang nur durch eine Fähre bewerkstelligt
werden konnte. So auch wahrscheinlich zur Zeit R. Jochanan's, daher
bei ihm der erwähnte Ausdruck. Wie R. Jochanan's Ausspruch später
eine nähere Deklaration erhält, darüber weiter unten s. v. איהי דקירא.

Alle diese Grenzen, deren Bestimmung zum grössten Theile Rab
und Samuel angehören, schliessen das jüdische Babylon ein, d. h. das
Land „zwischen den Flüssen" (בין הנהרות), nämlich Euphrat und Tigris,
und seitwärts derselben,⁷) welches als „גולה ליוחסין", als das wahrhaftige
Exil-Land bezeichnet wird, in welchem die Unvermischtheit und Reinheit der
jüdischen Generationen feststanden. Nach R. Papa in der erwähnten Talmudstelle (Kidduschin 72a) gelten sie auch „לענין גיטין", d. h. in Bezug
auf die Legalisation von Ehescheidungs-Urkunden, worin Babylon mit Palästina in gleichem Range stehen. Nur R. Joseph will hierfür die gege-

---

¹) Raschi liest דפרת; Neubauer, S. 330, legt besonderen Nachdruck auf die erste
Lesart, die nach ihm nicht den Euphrat, sondern eine (nicht näher ermittelte) Ortschaft
bezeichnet.

²) Raschi hat דגדכיא in Kidduschin 72a; Cod Rom דאגביא und früher 71b דגוכיא;
zu Raschi's Lesart vgl. נהר גוזרא in Sukka 18a.

³) Berachot 59 ברוך עושה בראשית אומר דבבל אגישרא פרת הרואה

⁴) Pausan. X Phoc. C. 29 bei Ritter X, 989.

⁵) Ritter X, 962, 963 und an anderen Stellen.

⁶) Mehrere Beispiele hiervon bei Ritter X, 991; so z. B aus dem Jahre 53 v. Chr.

⁷) Vgl. Tosefot z St.

benen Grenzbestimmungen nicht gelten lassen, indem er bemerkt: Bezüglich der Scheidungs-Urkunden seien Alle darin einig, dass das babylonische Gebiet (also geographisch aufgefasst) reiche עד ארבה תנינה דנשרא d. h. bis zum zweiten Schiffe der Brücke. Hierin liegt ein Zeugniss für die Existenz eines Zeugma, d. h. einer Schiffbrücke bei Samosata, über die Ritter X in der bereits früher erwähnten Abhandlung werthvolles Material aus alter Zeit gesammelt hat. Mit Raschi ארבה als „Weidengestrüpp" oder „Röhricht", gemäss der anderen Bedeutung des Wortes, aufzufassen, will nicht besonders einleuchten. Die Lesart ערבתא תנייחא דתותי גישרא, wie sie 2 Handschriften bei Rabbinowitsch haben, ändert nichts, da auch das Wort in dieser orthographischen Weise beide Bedeutungen zulässt (vgl. עריבה bei Levy III s. v. ein muldenartig gebautes Schiff). Dagegen bleibt das hinzugekommene Wort דתותי vor גישרא sehr wichtig, indem es eine nähere Bestimmung enthält, die uns für die in Rede stehende גישרא nach der bisherigen Lesart ganz gefehlt hat. Wir können dann aufgeben, diese Grenzbestimmung für ניט im Norden von Samosata zu suchen und würden sie vielmehr mehr nordwestlich, nämlich in Zeugma, vermuthen, übereinstimmend mit Ritter X, 963, „dass es bereits in alter Zeit zwei verschiedene Zeugma's, oder dauernde Brücken, gegeben: eine obere bei Samosata, mit Seleucia auf dem linken Ufer, und eine untere, 27 Millien abwärts, bei der Stadt Zeugma auf der rechten und der Apamia auf dem linken Ufer, die schon zwei Jahrhunderte früher unter Seleucus Nicator und Antiochus M. zur Verbindung ihres grossen syrischen Reichs im Westen und Osten gedient." Wenn R. Jochanan (s. oben S. 19) von einem Uebergange oder einer Fähre bei Zeugma spricht, nicht aber, wie hier R. Joseph, von einer Brücke, so liegt hierin kein erheblicher Widerspruch, da der erste Ausdruck, im Munde des Palästinensers R. Jochanan, nicht so korrekt gelten mag. Uebrigens ist oben S. 20 noch dargethan worden, dass die Brücke bei Zeugma nicht zu allen Zeiten vorhanden war.[1])

Ortschaften, Flüsse und Kanäle. Bei der Unsicherheit, welche noch über die Lage verschiedener Orte herrscht, muss Abstand davon genommen werden, die Namen nach Gebieten zu gruppiren, und kann daher nur die alphabetische Reihenfolge in dieser Aufstellung beachtet werden. Hierbei soll allerdings nicht ausgeschlossen werden, dass überall, wo Land- oder Flussgebiet, innerhalb dessen ein Ort liegt, zu ermitteln ist, die Angabe des Letzteren erfolgen wird.

אבי גובר, Abegubar; so die Lesart überall, wo der Name erscheint, nach Rabbinowitsch in Dikduke Soferim zu Berachot 50a; Taanit 26a; Me-

---

[1]) Die anderen Namen von Ortschaften in der Talmudstelle Kidduschin 72a werden weiter unten an gehöriger Stelle, in dem alphabetischen Verzeichnisse, behandelt werden.

gilla 21b; Erubin 61b, noch im Weichbilde von מברכתא, nahe bei Mechusa belegen, mit einer Synagoge zur Zeit R. Papa's, Rafram b. Papa's und des Mar Jehuda, ist der Form nach vielleicht eine Transposition von Abu Gharib, einer alten Feste in der Nähe Feludjas am Euphrat, auf dem Bagdad in 24—26 Stunden zu erreichen ist; s. Ritter X, 766.

קירא s. איהי דקירא.

אסתוניא, Astunja, in der Nähe von Pumbedita (Ketubot 111), vielleicht identisch mit וסתניא, s. das.

אפמיא, Apamea, s. oben S. 19. Nachzutragen wäre, dass Stephan von Byzanz (angeführt bei Mannert, Geographie der Griechen und Römer V², 363) berichtet: Es giebt noch ein anderes Apamia im Lande der Mesener, umgeben vom Tigris, denn er theilt sich daselbst. Nach neueren Forschungen (Ritter XI, 1018) ist das alte Apamea im heutigen Korna wiederzufinden, welches auf der Spitze des Zusammenflusses von Tigris und Euphrat erbaut, die sich hier wie zwei Hörner (davon der arabische Name Kurna) vereinen.

אפסטיא, Aphsatia, wo Rab eine besondere Massregel traf, um einer Uebertretung vorzubeugen, da er dort ein offenes Thal fand, d. h. unwissende Leute, die in religiöser Beziehung nicht behutsam genug sind (Erubin 100b). Vielleicht ist hiervon nicht verschieden das von Zosimus genannte Castell Abusatha auf der Ostseite, nicht weit von Ktesiphon. (Wiesner, Scholien III, S. 64, nach Ritter X, 156).

קטיספון s. אקטיספון.

אקרא דאגמא¹) Castell Agma. Die Einwohner richteten eine Anfrage²) an Samuel in Betreff des Erstgeburtsrechts (Baba Batra 127). — Todesort des R. Adda b. Ahaba und vielleicht auch Geburtsort seines Sohnes Hamnuna.³) Als Rabba b. b. Chana einmal nach Akra d'Agma

---

¹) Rab. Gerschom in Baba Batra 127 übersetzt אקרא דאגמא mit באגם העומד כפר. Raschi in Megilla 6 und Kidduschin 72 fasst אקרא als Strom - Uebergang auf. Dass es nichts anderes als ἄκρα, Burg, Castell bedeute und die Benennung aus der Herrschaft der Griechen über Babylonien stamme, hat bereits Rappoport, Erech Millin s. v. richtig behauptet.

²) Dort in vollständiger Form mitgetheilt, wie sie später z. B. in den Scheeltot weiter zur Anwendung gelangt.

³) Kiddnschin 72b oben, wo unter den von R. Jehuda ha Nasi in der Sterbestunde verkündeten Visionen auch erscheint: אקרא דאגניא איכא בבבל אדא בר אהבה יש בה. היום יושב בחיקו של אברהם היום נילד רב יהודה בבבל. Die Stelle bietet einige Schwierigkeiten, die nur durch die Annahme eines älteren Adda b. Ahaba ausgeglichen werden; vgl. hierüber die Tosefot das. und Näheres im Seder hadoroth ed. Warschau II, S. 29. — Dass der Ausdruck יושב בחיקו של אברהם „in Abraham's Schooss eingehen" der Tod, wie Raschi zuerst erklärt, und nicht „in Abraham's Bund durch die Beschneidung eintreten", also die Geburt, wie Raschi weiter annimmt, bedeutet, geht aus derselben Redeweise in Lucas 16, 22 hervor. Mit der talmudischen Quelle wäre die Angabe bei Büchmann, geflügelte Worte S. 38 zu ergänzen. — Dass R. Hamnuna am Todestage seines Vaters geboren, s. Midrasch zu Kohelet 1, 5.

kam, wurde ihm eine Fischart צהנתא[1]) vorgesetzt, die dort באט׳ genannt wurde und ihm unter dieser Benennung als zu den nach religiöser Vorschrift ungeniessbaren Fischen bekannt war. Am hellen Morgen untersuchte Rabba den Fisch und fand ihn wirklich den Merkmalen nach als zur verbotenen Gattung gehörig. — Rabba b. Nachmani, verfolgt von Angebern, floh von Pumbedita nach Akra und von Akra nach Agma, heisst es in Baba Mezia 86, demnach würden zwei Ortschaften zu verstehen sein; allein, wie es sich aus der handschriftlichen Lesart in Dikduke Soferim z. St. ergiebt, ist die Lesart unserer Ausgaben ganz corrumpirt und lautet nirgends so, dass die beiden Namen getheilt werden dürften.[2])

Agama am linken Ufer des Euphrat (heute Kahem) ist bei d'Anville, l'Euphrate, S. 58, nachgewiesen, vielleicht identisch mit Agamana bei Ptolemäus V, 17, im südlichen Mesopotamien, und mit Agabana bei Amianus 27, 12, da *m* und *b* leicht zu wechseln.

הגרוניא s. אקרא דהגרוניא.

אקרא דכוכי, Castell von Coche, welches über die Stadtthore von Mechusa (s. s. v.) hinweggeführt war und das Gefängniss enthielt, wird in Joma 11a erwähnt. Die Lesart unserer Ausgaben כובי muss nach handschriftlichen Quellen in Dikduke Soferim z. St. in כוכי emendirt werden. Coche (Χωχή bei Steph. Byz.), ein kleiner Ort am Tigris, gegenüber Ktesiphon, nachgewiesen bei Mannert V², 296 und Ritter X, S. 69; s. a. ארדשיר אקרא דתולבקני. שניותא s. אקרא דשוניתא. סליקום s. אקרא דסליקום, s. oben S. 19. איתן, ein Fluss, s. נהר איתן.

אקרוניא, Akrunia, woher Samuel b. Abba stammte (Baba Kamma 7b), nach handschriftlichen Quellen in Dikduke Soferim lautet hier wie ebendas. Bl. 88 אקרוקניא, während unsere Ausgaben an der letzterwähnten Stelle הגרוניה haben.

ארגיזה, auch בי ארניזה, Argisa. Geburts- oder Wohnort des ר׳ גביהא; (Gittin 7a). R. Huna kam einmal dorthin (Sebachim 18b); vgl. auch s. v. היתא, ist Eragiza in Ptolemäus Ortsreihe, auf dem Westufer des Euphrat, jetzt Rajik bei Ritter X, S. 1000, nicht aber Argesa in Persien, wie Rappoport in Erech Millin s. v. vermuthet.[3])

ארדשיר, Ardschir. Nach Erubin 57b (in der Mittheilung R. Safra's an Rabba) gegenüber von Ktesiphon, durch den Tigris davon getrennt, der hier 141⅓ Elle breit ist, wovon mehr als 70 Ellen die Flanken der hineingebauten Mauern einnehmen. Rappoport, Erech Millin S. 195, er-

---

[1]) Vgl. über diese Fischart Löwysohn, Zoologie des Talmuds S. 256.

[2]) Noch einmal erscheint אקרא דאגמא, und zwar in Sanhedrin 38b oben, wo in haggadischer Weise — um den Menschen als Kosmopolit hinzustellen — erzählt wird, dass die Hinterbacken Adams, dessen Glieder von den verschiedenen Welttheilen zusammengetragen worden sein sollen, von dort herrühren.

[3]) R. fügt selbst zweifelnd hinzu: אבינה רחוקה היא כמ:קומות של הישיבות בבבל

weist hierunter die vormals Seleucia benannte grosse Stadt, welche mit den Vorstädten Ktesiphon und Coche von den Syrern der ersten christlichen Jahrhunderte gewöhnlich als Madain „die Städte" zusammengefasst wurde. Den neuen Namen erhielt die Stadt ohne Zweifel nach Ardeschir Babegan, dem Ahnherrn der Sassaniden, der die Stadt aus den Ruinen zu neuer Blüthe erhob. — Obgleich Ktesiphon und Ardschir so nahe an einander lagen,¹) verlangte R. Chisda doch, dass Urkunden, welche von Ktesiphon nach Ardschir gebracht werden, wie aus einem fremden Lande zu behandeln seien, so dass sie einer nochmaligen mündlichen Anerkennung Seitens der unterschriebenen Zeugen oder anderer Zeugen, welche die Unterschriften der Ersteren bestätigen, bedürfen, nicht so die von Ardschir nach Ktesiphon überbrachten Urkunden. Es wird dies dahin motivirt: Die Einwohner von Ardschir, welche nach Ktesiphon zu Markte gehen, legen dort ihre Urkunden bis zu Erhebung der darauf lautenden Summe nieder, wodurch die Leute von Ktesiphon die Unterschriften der Ardschirer kennen. Die Letzteren dagegen lernen die Unterschriften der Leute von Ktesiphon nicht kennen, weil sie, so oft sie dorthin kommen, mit ihren Geschäften zu thun haben und nicht Zeit oder Gelegenheit finden, die Unterschriften der Einwohner von Ktesiphon zu studiren.

Es gewährt uns dies zugleich einen Einblick in das gegenseitige Verhältniss, welches zwischen beiden Städten obwaltete.²) — In Baba Batra 52 R. Chaja aus הורמיז ארדשיר, wozu Rab. Gerschom erklärt, dass הורמיז (Hermes) im Verwaltungsbezirk von Ardschir liege.

ארטיבנא, Artebana, vielleicht nach Arteban, dem Fürsten der Parther so benannt,³) 4000 Ellen von Pumbedita, wohin Rabba b. b. Chanan an jedem Sabbat zum Lehrvortrag zu gehen sich gestattete, indem er in der Mitte der Entfernung, nämlich ציתא als den nöthigen Rastpunkt für sich bestimmte (nachdem er dort den erforderlichen עירוב hatte legen lassen).

אשתתית, ein Fluss, an dessen Uebergang einmal Rab sass (Chulin 95a).

בב נהרא, Sukka 18 und Aboda Sara 39, nach Raschi das. ein Fluss mit Namen Bab, in den jetzt, sagt Rabina, die Flüsse איתן⁴) und גמדא mün-

---

¹) Die Tosefot z. St. haben nicht beachtet, dass man noch mehrere Male ganz nahe aneinanderliegende Ortschaften in Babylon selbst findet, welche aus lokalen Gründen verschieden behandelt werden; man hat daher in solchen Fällen nicht im Auslande die betreffenden Ortschaften, bei denen eine Ausnahme constatirt wird, zu suchen.

²) In dieser so wichtigen Stelle (Erubin 51b letzte Zeile), welche zugleich das sonst bei den Alten (mit Ausnahme bei Jâcût) nicht erwähnte, daher auch bei Ritter X unbekannte Ardschir in der unmittelbaren Nähe von Ktesiphon bezeugt, heisst es zwar בי ארדשיר (so auch bei Jâcût), das aber ohne Zweifel mit ארד"שיר identisch ist; ob auch mit דרד"שיר in Jebamot 37b und in Joma 18b dafür דרשיש?

³) Rappoport Erech Millin S. 196.

⁴) In Aboda Sara 39 dafür נויא; in Sukka 18 nach Handschriften נתן.

den, hat salziges Wasser, in welchem eine Fischart (צחנתא s. oben S. 23) lebt. Bei den vielfachen Aenderungen, welche im Laufe der beiden Hauptströme des Landes durch die Anlegung von Kanälen eintraten, lassen sich die Namen, die ohnedies sehr oft wechselten, sehr schwer nachweisen.[1]
בבל, Babel, die Stadt, zur Jurisdiktion des R. Aschi gehörig, nicht weit von מתא מחסיה, dem es entgegengestellt wird (Erubin 63a oben und Gittin 65a unten), wird mit Borsippa verwechselt, sagt R. Aschi (Sabbat 36a unten)[2]; Sitz Rabina's, der den Händlern mit Körben, welche mit ihren Waaren dorthin kamen, am Markttage den freien Verkauf gestattete, nachdem die ansässigen Konkurrenten dies den fremden wehren wollten.

Ueber Brücken und Ruinen daselbst s. oben S. 8 und 9.

בגדא s. oben S. 18.

בגדתאה, mit diesem Beinamen erscheint R. Chana zur Zeit des R. Jehuda (Erubin 81b), zur Zeit Samuel's (Jebamot 67a und Sebachim 92), also lange vor Erbauung der von dem Chalifen El-Mansur im Jahre 145 der Hegra neugegründeten Residenz Bagdad. Aber der Name eines älteren Bagdad wird schon zur Zeit des babylonischen Königs Marduk-uâdin-ahâ, eines Zeitgenossen Tiglathpileser's I., erwähnt, nämlich auf dem bei Bagdad am Ufer des Tigris nicht weit von den Ruinen Ktesiphon's im Jahre 1800 gefundenen Stein.[3] Kohut im Aruch s. v. will an Bagada am Euläus, 27 Meilen von Susa (nach Diod. 19, 19) denken, was aber unnöthig erscheint. Raschi in den erwähnten Stellen, wie auch Berachot 54b; Ketubot 10b; Sabbat 147b unten; Sebachim 9a erklärt den Beinamen des R. Chana als Bagdad, die Stadt, welche ihm aus dem Sendschreiben Scherira's bekannt war, worauf sich in der That Samuel b. Meir in Baba Batra 142b bezieht. Raschi in Jebamot 67a giebt aber noch eine andere Erklärung, nämlich בגדתא בעל אגדה, und als bedeutender Aggadist wird dieser R. Chana in Sukka 52b (dort בר ביגא genannt) von R. Scheschet hervorgehoben. Als solchen giebt er sich auch dort und an einigen der anderen Stellen genügend zu erkennen.[4]

פומבדיתא s. בדיתא.

---

[1]) Auch Kohut, der im Aruch completum sehr oft glückliche Combinationen für die geographischen Namen hat, befriedigt dieses Mal nicht; s. die Artikel איתן und בבר. Hält er doch sogar das Genetiv - ד in נהר דבבל als zur Wurzel des Wortes gehörig und stellt einen Flussnamen דבבל her! Warum sollte man nicht eher an בב = ביב Kanal denken und übersetzen dürfen „des Kanalstromes", ähnlich נהר דפום, welches wirklich eine Handschrift hier hat, woraus aber Kohut דפום macht, um dann einen Fluss Diabas darin zu finden!

[2]) Die Tosefot Sabbat 36b oben stellen die Existenz einer Stadt Babel ganz in Abrede, was sich schon aus Gen. 11, 10 und Daniel 4, 27 widerlegt.

[3]) S. Fr. Delitzsch: Wo lag das Paradies? S. 206.

[4]) S. noch Bacher, die Agada der babyl. Amoräer S 77—78.

בורסיף, Bursyp̱pa, Babels Schwesterstadt, in den Keilschriften geradezu als „zweites Babylon" bezeichnet, eine Benennung, die auch in zusammenhängenden assyrischen Texten üblich ist,[1]) daher R. Aschi mit Recht sagen konnte, es sei mit Babel identisch;[2]) wie auch Babel und Bursypp in einer haggadischen Erklärung (Sanhedrin 109) zusammen- und gleichgestellt werden. Der erwähnte R. Aschi[3]) sagt auch (Sabbat 36a): Wir benennen Babel mit Bursypp und Bursypp mit Babel. — Ein Schüler des R. Jochanan, der keine besondere Auffassungsgabe im Lernen an den Tag legte, nannte Bursypp als seine Heimath; nenne sie בולסיף, sagte der Lehrer, um בלל in Gen. 11, 9, die Sprachverwirrung Babel's, anklingen zu lassen.[4]) Einen anderen Spitznamen giebt ihr derselbe Lehrer in den Worten בור שאני, was Kohut im Aruch completum II, 198 im Sinne von משכה aus dem Arabischen nachweist, somit übereinstimmend mit dem tadelnden Urtheile über die Geistesversumpfung der beiden Städte, in Sanhedrin 109a.[5])

Unter dem bereits oben S. 10 erwähnten Nebo-Tempel in Bursi[6]) ist Bursyppa gemeint, dessen Stattgottheit eben Nebo war.[7])

אבסני, אבוני, בי אביוני, wohin R. Huna ging (Baba Kamma 170a und Dikduke Soferim), ist weder Buina oder Baunac,[8]) noch mit בי אבידן zu confundiren.[9])

בי בארי, Bari oder Biri, neben נרדש und ורדונא in Sota 10a genannt, an einem Bergabhange, ohne Zweifel mit בי בירי identisch, für das in der That eine Handschrift im Dikduke Soferim, ebenso der Commentar Chananel's, בי בארי hat, hatte Treppen in den Strassen, von denen R. Huna b. Josua klagt, dass sie ihn durch das beschwerliche Aufsteigen alt gemacht haben. Sehr annehmbar ist die Erklärung Jakob Tam's in den Tosefot zu Chulin 127a, dass dort die Worte desselben R. Huna b. Josua כיברי דנרש

---

[1]) Fr. Delitzsch, l. c. S. 216.

[2]) Vgl. oben s. v. בבל

[3]) In der Parallelstelle Sukka 35b ist es Rabba b. Joseph.

[4]) Midrasch Bereschit Rabba Sectio 38; vgl. das Peudant Sectio 34 am Schlusse.

[5]) אמר רב אויר כיגדל מושכה אמר ר' יוכף בבי ובורסיף סימן רע לתוירה מואי
בורסיף אמר ר' אסי בור שאפי

[6]) Unsere Ausgaben haben zwar in Aboda Sara 11b בורסי, wofür aber sicher בורסי zu lesen ist; Rab. Chananel im Commentar z. St. liest sogar בורסיף. Ueber פרת דבורסי s. weiter s. v. הביל יכוא

[7]) Fr. Delitsch: Wo lag das Paradies? S. 217.

[8]) Cassel, S. 186; überhaupt kann das oft vorgesetzte בי zum Namen selbst nicht hinzugenommen werden, wenn es mit der entsprechenden Bezeichnung in anderen Quellen verglichen werden soll. Dieses בי hängt nicht immer als Determinativ mit dem geographischen Namen zusammen, ist auch ursprünglich von בית nicht abzuleiten, sondern von בין, zwischen, und deutet, wie so oft im Aramäischen, den Raum oder die Richtung an; vgl. Nöldeke, mandäische Grammatik S. 51 und 194 und neusyrische Grammatik S. 118.

[9]) Wie Kohut im Aruch s. v. אבידן annehmen will.

אין מן הישוב zu verstehen seien: Die Einwohner von בי ברי nahe an נרש oder im Bezirk desselben, gehören nicht zur Klasse der cultivirten Menschen.[1]) Wird ja auch bald darauf von dem schlechten Wesen der Einwohner zu Naresch erzählt. — R. Giddel war von בירי דנרש (Joma 81b); die Einwohner (בני בירי) richteten eine Anfrage an R. Scheschet (Jebamot 85a). — Vielleicht hängt auch ביראה, der Beiname einiger Amoräer,[2]) wie auch, wie es scheint der anonyme, בירה Sukka 27a und ביראה Sukka 34a, mit diesem geographischen Namen zusammen, wenn diese speciellen Beinamen nicht von Bir, der Stadt, herzuleiten sein sollten.

אבימר בי גובר s. אבימר בי גובר.

[3]) בי כובי Kobe, in der Nähe von Pumbedita, daher auch כובי דפומבדיתא Die Einwohner hielt R. Joseph aus der Abstammung von ehemaligen Sklaven.[4])

בי Alle anderen Namen mit vorgesetztem בי werden von hier an unter dem betreffenden Namen, dem sie vorgesetzt sind, behandelt werden. Ueber diese Vorsatzsylbe vgl. Note 8 auf S. 26; wer in dem öfteren בי mehr als eine im Laufe der Zeit fast bedeutungslos gewordene Partikel erblickt und es von dem oft den Namen vorgesetzten בית herleitet,[5]) wird die betreffenden Ortschaften als besondere Bezirke ansehen müssen.

בירם Biram, am Euphrat, wo er die Grenze zwischen Syrien und Babylon bildet, s. oben S. 16, lag aber noch im Gebiet desjenigen Babylon, welches die Reinheit der jüdischen Abstammung bewahrt hatte, so dass sogar die Vornehmen aus Pumbedita sich mit den Familien aus Biram verschwägerten.[6])

Eine Anfrage erging aus Biram an Rab wegen יין נסך (Aboda Sara 57a). Unter den drei Quellen, welche von der Sintfluth übrig geblieben sind, wird auch Biram genannt.[7]) Cassel, Neubauer und Kohut wollen aber an dieser Stelle בירם lesen, und dies mit dem bei Josephus (Bellum jud. VII, 6, 3) erwähnten Baaras[8]) identisch halten, so dass es in Palästina, und nicht in Babylon, zu suchen ist, was auch wahrscheinlich ist.

---

[1]) Nicht wie Raschi, der von Bibern dort spricht; vgl. Lewysohn, Zoologie des Talmuds, S. 98.

[2]) So ר' רוסתאי דמן בירי Erubin 45a und an anderen Stellen; ferner R. Jirmeja, R. Natan und Ulla; איש בירא in Erubin 55b (nach einer Handschrift).

[3]) Sukka 26b; Gittin 4a.

[4]) Kidduschin 70b.

[5]) Wie auch in den Keilinschriften Bit vor den Namen mancher Ortschaften; vgl. das Verzeichniss derselben bei Fr. Delitzsch: Wo lag das Paradies? S. 202.

[6]) Kidduschin 72a oben.

[7]) Sanhedrin 108; im Midrasch Bereschit Rabba Sect. 38 werden drei andere Quellen genannt.

[8]) Der Ort wird aber dort als Thal, und nicht als Quelle bezeichnet.

Wenn בירם Urma am Euphrat, südwestlich von Samosata, sein soll, (wie Cassel, S. 181, annimmt), so muss man sich die erste Sylbe als aus כי (s. oben S. 26 Note 8) entstanden denken, das dann mit der folgenden Sylbe zusammengezogen das Wort בירם gebildet hat.

בירן, ein Fluss mit Sandbänken, auch Steinwehren zum Abfangen der Fische, dessen Bette von Juden aus Mechasja gereinigt wurde,[1]) heisst an einer anderen Stelle [2]) בורניץ, wofür beim Aruch בורצנין, womit Mannert, Geographie V[2], 537 zu vergleichen, wo nach Ptolemäus zwei Flüsse, Brizana und Brisoana an der Küste von Persis genannt werden. Von dem erst erwähnten Flusse berichtet er ebenfalls, dass Klippen und Sandbänke das Anlegen erschwerten.

בירקא Birka, eine Stadt, in der nach der Angabe des R. Jehuda ha-Nasi vor seinem Tode zwei Brüder vorhanden waren, welche ihre Frauen tauschten (Kidduschin 72a). Eine armenische Stadt Birki wird bei Ritter X, 915 erwähnt.

בית כלתין s. oben S. 16. Die bereits biblische Zusammenziehung des בעל in בל kann auch im Femininum (בעלת in בלת) stattgefunden und bei der Bildung des Ortsnamens בלתין[3]) mitgewirkt haben.

הרמך בר המדך s.

בירניש Birnus, drei Meilen von der Synagoge des Daniel, wohin zur Zeit R. Chisda's die Leute von Birnus am Sabbat gingen, um dort zu beten. Zwischen beiden Orten waren viele Ruinen.[4]) Denkmäler an den Propheten Daniel in Babylon's Nähe sind uralt.[5]) Eine Station Birnus befindet sich auf dem Wege von Bagdad nach Hilla.[6]) Rabba aus בירניש zur Zeit R. Aschi's wird mehrere Male citirt.[7])

גוביא ימא s. הביל. גניק, ein Strom, s. oben S. 17.

דגלת Diglat (der Tigris), bereits im Targum zu Gen. 2, 14 für הדקל; Letzteres wird etymologisch zerlegt[8]) in הד und קל „scharf, reissend" und „leicht, schnell", nämlich in seinem Laufe. Aehnlich die von Plinius, Strabo und Curtius übereinstimmend bezeugte Erklärung als „Pfeil",[9]) welche durch das jetzt nachgewiesene Zendwort tighri „Pfeil, Geschoss" bestätigt

---

[1]) Baba Mezia 24b.
[2]) Moed Katan 4b; im Chananel-Commentar ביצין, Alfasi u A. בירן, vgl. Dikduke Soferim z. St.
[3]) Oben S. 16 sind beide Formen als Ortsnamen für בלתין aus dem Jeruschalmi Sanhedrin I, 2 nachgewiesen. Vgl. noch Bilit bei Dillmann: Ueber Baal mit dem weiblichen Artikel S. 10 und Schrader, die Keilinschriften S. 82.
[4]) Erubin 21a. [5]) Ritter X, 60. [6]) Ritter XI, 869.
[7]) Baba Mezia 73b; Sabbat 28a; Nasir 31a und 40a; Sebachim 11a; Rosch ha-Schana 26b.
[8]) Berachot 59b und Bereschit Rabba, Sectio 16; diese Erklärung wird von Josephus, Arch. 1, 1, 3 im Namen der Juden mitgetheilt.
[9]) S Neubauer S. 334 und Fr. Delitzsch: Wo lag das Paradies? S. 171.

wird.¹) An diesem Strome die Städte שביסתנא (Jebamot 121a) und מחוא, deren Einwohner scharfsinnig sind, weil sie das leicht verdauliche Wasser aus dem Tigris trinken (Berachot 59a).

Von einem heftigen Regen, bei dem die Rinnen Mechusa's austraten und sich in den Tigris ergossen, wird in Taanit 24b berichtet, indem dort מחוא nach handschriftlichen Quellen (vgl. Dikduke Soferim) statt צפורי ²) zu lesen ist.

Wer von der Brücke bei שביסתנא den Tigris erblickt, hat den Segensspruch ברוך עושה בראשית zu verrichten;³) denn von da ab und weiter ist sein Lauf der natürliche geblieben, während derselbe unterwärts von künstlichen Dämmen und gezogenen Kanälen vielfach geändert worden ist. — Als Rab an den Tigris kam, betete er: באו רוב שלישית במים זכור ברית ורחם תעינו מאחריך כאישה מעלה אל תגיחנו כאות כי סרה.⁴) „Eine Menge des Drittheils, d. h. des nach Jesaja 19, 24 als Dritter im Völkerbunde genannten Israels ist im Wasser (vielleicht eine Anspielung auf irgend eine Leidensgeschichte); gedenke des Bundes und erbarme dich unser. Wir sind von dir abgewichen wie eine untreue Frau von ihrem Gatten; verlass uns nicht wie beim Wunderzeichen des bittern Wassers." ⁵)

דויל Dewil. R. Joseph b. Menaschja war von dorther;⁶) seine Frau trat einst vor den Richter R. Joseph hin, um ihre eherechtlichen Alimente zu fordern.⁷)

Als einst R. Joseph b. Menaschja aus Dewil sich dem Samuel und den Schülern Rab's näherte, nahmen sie sich vor, ihn mit unbedeutenden Fragen anzugehen.⁸)

Bei Neubauer, S. 389, ist der ganze Artikel אפיה באלי, Apeh-Bali zu streichen,⁹) da diese Worte durchaus nicht einen Ortsnamen bezeichnen;

---

¹) S. de Lagarde, gesammelte Abhandlungen, S. 201.

²) Von כורובי דצפורי ist in Moed Katan 25b die Rede.

³) Berachot 59a.

⁴) Moed Katan 25b; das hebräische Gebet ist nach der richtigeren Lesart in handschriftlichen Quellen (vgl. Dikduke Soferim z. St.) mitgetheilt, nämlich שלישיה für שלישית was bereits J. Emden in seinen Noten z St. bemerkt, und ברית nach זכור.

⁵) Bezieht sich auf einen Midrasch, mitgetheilt in Schemot Rabba, Sect. 43: לא כך אמרת לי במרה הוי מתפלל ואמור עשה את הםור מתוק

⁶) Kiddushin 79b.   ⁷) Ketubot 65a.

⁸) Nidda 26b: יוסף ר' ואזיל הליף יתבי ור' יהודה הון ורב ותלמידי שמואל ברי דר' בנשיא מדויל לאפיה באלי (שהיה כימוד לבא רש״י) אמר אתי לן גברא Im Or-Sarua I § 346 liest man דרכוינן ליה בגילא דהתחא (בשאלות מועטות רש״י) באלי ואתי ganz. Im Bet-Joseph zum Tur י״ד § 194 ist richtiger אבורו für אבור, wie bereits im ערוך לגר z. St. aufmerksam gemacht wird. הליף ואזיל für ואזיל und fehlt das später folgende בעליה ואתא

⁹) Bereits bei M. Lattes: Saggio di giunte al lessico talmudico S. 59, aber nur in Bezug auf באלי, nicht auch bezüglich לאפיה.

לאסיה ist wie so oft, z. B. Pessachim 111b, zu nehmen: „er kam ihm zu Gesicht," und באלי s. auf voriger Seite Note 8, Raschi's Erklärung.

דורא (כי) in der Nähe von הגרוניא, s. das., an einigen Stellen דורא דרעותא, welches nach den Commentaren ein Hirtendorf bezeichnet, nach Wiesner aber (Scholien III) Diridotis, eine grosse Handelsstadt an der Mündung des Tigris, daher auch nach Erubin 12a an einer Meerzunge לשון ים.

דמהריא, eine Stadt in den Euphratländern, auf der Reiseroute Rab's, die er bald nach seiner Niederlassung in Babylon unternommen.[1]) R. Dime war dort ansässig und Rabina bereiste die Gegend.[2]) Aus dem Wortspiel des R. Jochanan in Rosch ha-Schana 21a hat man durchaus nicht auf die Schreibung mit ח statt ה zu schliessen, da ה und ח hierbei verwechselt werden können, wie in אב המון Sabbat 105; vgl. meine Beiträge zur hebräischen Grammatik nach Talmud und Midrasch, S. 20. Kohut, Aruch compl. S. 78 und 91 will die handschriftliche Lesart[3]) דמתריא festhalten und hierunter Demetria, eine bei Strabo erwähnte Stadt Assyriens, verstehen.

דנק, in handschriftlichen Quellen des Dikduke Soferim אנק, ein Fluss in der Nähe vom Todesorte Rab's.[4]) Nach Petachja's Angaben liegt das Grab Rab's zwischen dem Jecheskiel's und dem Nachum's, also in der Nähe von Kufa.

דסקרתא Diskarta, von dort waren R. Huna (Baba Mezia 47a), mit Raba sprechend, also in Babylon; ebenso R. Jehuda von דסקרתא oder דאסקרתה im Gespräche mit Raba (Jebamot 87b und an mehreren Stellen), auch noch mit R. Papa (Nidda 39). In allen anderen Fällen bezeichnet דסקרתא das persische daskarah oder daskarat, das auch in's Arabische übergegangen ist und die Bedeutung „Stadt" hat.[5])

קירא s. דקירא.

דרדשיר, wo Rab auf Besuch ist, in der Parallelstelle דרשיש, wahrscheinlich = ארדשיר, s. das.

דרוקרת,[6]) Wohnort des R. Huna und des R. Nachman b. Jizchak, eine Stadt, die ein Contingent von 500 Mann zum Heere stellte, in der während eines Sterbens täglich drei Leichen vorkamen, was ein öffentliches Fasten veranlasste (Taanit 21b).

דרוקרא, Sabbat 94b, wo ebenfalls R. Nachman b. Jizchak; dagegen

---

[1]) Erubin 6a, wo die Schreibung mit ה oder ח im Worte schwankt.
[2]) Sanherin 96b, wo im Chananel-Commentar דכוהדריא, und Menachot 81a, wo דכוהוריא.
[3]) In Dikduke Soferim zu Rosch ha-Schana 21a.
[4]) Berachot 42b; Kohut s. v. will aus der Lesart אנק (Schmerz, Aechzen) schliessen, dass der bei Homer erwähnte, in die Unterwelt führende Κώκυτος Άχέρων (Leidensstrom) gemeint sei!
[5]) Vgl. Perles, etymologische Studien S. 83; Fleischer bei Levy im Targum-Wörterbuche S. 55 und Lagarde, armenische Studien § 577 und S. 171.
[6]) Im Chananel-Commentar דיוקרתא, ebenso in einer Handschrift des Dikduke Soferim; im sogen. Raschi-Commentar wird eine zweite Lesart, nämlich דיוקרא, erwähnt.

bei Alfasi דווקרת, im handschriftlichen Alfasi und bei Ascher דיוקרת; im Chananel-Commentar דרא חדא.¹) דוּקְרַת, Nidda 58b, wo wiederum R. Nachmann b. Jizchak,²) im Or Sarua I § 352 dagegen דווקרת. Die Lesart דווקרת erscheint als die sicherste; in diesem Falle möchte ich sie mit דארו מתא in Moed Katan 27b zusammenstellen, wie En Jacob und eine Handschrift in Dikduke Soferim für das in unseren Ausgaben zusammengeflossene דרומתא (דרו מתא) haben (vielleicht Dariusstadt?) Denn קרת ist mit מתא einerlei Bedeutung und erscheint³) als das syrische Lehnwort kert = Stadt (s. Kiepert, Lehrbuch der alten Geographie, S. 79), wie das aramäische karta (קרתא mit Artikel emphat.) und auch in den Keilinschriften als kar (s. Delitzsch: Wo lag das Paradies S. 135). Die Lage der Stadt bleibt unermittelt. Wiesner, Scholien II S. 192 denkt an Tekrit am Tigris bei Ritter XI, 681, auf dem Wege von Mosul nach Bagdad,⁴) was von Neubauer als zu weit vom eigentlichen Babylon verworfen wird. Rappoport in Erech Millin S. 34 hält (ohne weitere Begründung) זוגרדיא dafür, unweit איהי דקירא. Kohut s. v. hält gar Letzteres dafür, nämlich איהי דקירא, indem er die Lesart דיוקרא für Diakara⁵) in Anspruch nimmt, wo die Asphalt-Quellen vielen Schmutz verursachen und eine Luft erzeugen, welche eine grössere Sterblichkeit begünstigen, was den Angaben in Taanit 21b, Nidda 58b (s. S. 30 und unten Note 2) entsprechen würde.

דרישבא, so auch nach handschriftlichem Alfasi und im Chananel-Commentar Baba Batra 126b; Mar Sutra war von dort.

הגרוניא, auch אגרוניא, wahrscheinlich Agranum, bei Ptolemäus und Plinius als an der südlichen Seite des Euphrats erwähnt; eine der grössten Städte Babylon's, fügt Letzterer hinzu, welche von den Persern (vielleicht Parthern) zerstört worden ist.⁶) Wohnsitz des R. Mordechai, der von dort aus R. Aschi einmal bis כי כיפ׳, nach Anderen bis בי דורא, begleitete (Berachot 31a); von dort waren R. Samuel b. Abba (Baba Kamma 88a); R. Elasar (Baba Mezia 69a und Erubin 63a); R. Jehuda (Aboda Sara 39a); Abime (Baba Mezia 77b und 97a); R. Chilkija (Jebamot 9a). Auf die Weisen von Hagrunja beruft sich R. Adda für eine halachische Vorschrift (Sabbat 11a). Der Exilarch hielt dort einmal einen Lehrvortrag, zu dem Rabina, der in der Nähe, doch aber getrennt durch einen

---

¹) Vielleicht ist dafür דרא כותא zu lesen, s. weiter.
²) Es wird der Ort als ein solcher erwähnt, in dem sich viel Schmutz und Unrath finden.
³) Vgl. die Zusammenstellung bei Dunasch תשובות S. 13 u. 102 עיר, בדינה, קריה, קרת.
⁴) Warum dann aber nicht lieber die in der Nähe von Tekrit gelegene Stadt Dura oder Dur, was der Lesart דרו כותא entsprechen würde?
⁵) So auch יודקרת bei Brüll, Jahrbücher II, 140 bezüglich Kidduschin 16b und Taanit 24b ר׳ יוסי דכן יוקרת, was hier näher zu behandeln unterbleiben muss.
⁶) Mannert l. c. V² S. 415.

Fluss, wohnte, nicht kommen konnte (Joma 78). Raba kam dorthin und ordnete ein Fasten[1]) wegen des Regenmangels an, zur Zeit des oben erwähnten R. Elasar (Taanit 24b). Das Castell אקרא דהגרוניא zählte nach Baba Batra 73b sechszig Häuser.

הומניא Humanja, eine von Heiden bewohnte Stadt, welche die armen Juden in פום נהרא feindselig behandelten, so dass Rab den Schriftvers in den Klageliedern 1, 17 hierauf anwandte;[2]) vgl. Jebamot 16b, wo unmittelbar vorher mit Bezug auf Klagelieder 1, 10 die Feinde[3]) als „Ammoniter" und Moabiter bezeichnet werden.[4]) Dies erklärt, was der sterbende Patriarch gesagt: „In Babylon giebt's ein Humania, das ganz von Ammonitern bewohnt ist."[5]) Neubauer, S. 367, hat wohl das Richtige getroffen, wenn er auf Humeiniya bei Ritter XI, 931 hinweist, abwärts Ktesiphon, noch heutigen Tages mit umfangreichen Ruinen.[6]) Mit Ὁμονοία in Vit. Jos. C. 54, das 30 Stadien von Tiberias entfernt ist, darf dieser Ort in Babylon nicht verwechselt werden.

הוצל Huzel. Von dort werden erwähnt: R. Aschi (Chulin 107a); R. Assi (Kidduschin 58b und Chulin 26b); R. Joschija und R. Cahana (Gittin 61); R. Joschija der Aeltere auf dem Friedhofe von Huzel (Sanhedrin 19); Joseph aus Huzel, identisch mit Joseph der Babylonier (Joma 52b); R. Acha (Beza 32b und Keritot 13b). Ferner: In Bann gelegte Fleischer (Chulin 132b); Feinschmecker (Nedarim 49b); die Einwohner tragen Lasten auf dem Kopfe, ohne sie mit den Händen zu unterstützen. Die Synagoge dort wird neben der zu Schafjatib als die heiligsten Gotteshäuser in Babylon genannt[7]) (Megilla 29). Der Zusatz בית כנישת, mit dem הוצל in Ketubot 111a und Megilla 5a begleitet wird, wird von Rappoport im Hammagid XVII, S. 401, als incorrect nachgewiesen; er lässt sich nur mit der Annahme erklären, dass Huzel vorzüglich ursprünglich von Benjamiten bewohnt war.[8]) Ein Caphar Huzel weist Cassel, S. 186, in der nisibenischen Gegend nach, indem er es mit הוצל identificirt.

---

[1]) Das aber in Babylon nicht als ein allgemein öffentliches im Sinne eines überall als תענית צבור geltenden Fasttages angesehen wurde; vgl. oben S. 6.

[2]) אשר צויתה לא יבואו בקהל לך ¹) צוה ה' ליעקב סביביו צריו

[4]) In Kidduschin 72b ist der Tradent dieses Satzes R. Jehuda, in Jebamot 16b Rab; im Aruch s. v. ist's R. Jochanan.

[5]) Kidduschin 72a, wo in רעבינאי (כולה) היכוניא zugleich ein Wortspiel erscheint.

[6]) Im Aruch היכוניא; s. auch Fleischer's Bemerkung zu Levy's neuhebr. Wörterbuch S. 558, nach welcher dieses Himonia in Wüstenfeld's Jakût erscheint.

[7]) Scherira im Sendschreiben S 33 ed. Goldberg erwähnt diese Synagoge als nahe am Lehrhause Esra's, unterhalb Nehardea's; vgl. auch Aruch s. v. שף, wo Rab und Samuel die Referenten sind.

[8]) Vgl. Meiri z. St. und ר"ן im Alfasi, Anf. Megilla, der den Zusatz im Ketubot nicht vor sich hatte; ebenso wenig Aruch s. v. קרף. Vgl. ferner Dikduke Soferim zu Megilla, wo nach handschriftlichen Quellen der Zusatz ebenfalls fehlt.

היני Hini, mit שילי, von dem es nicht einmal ein תחום שבת entfernt war,¹) zusammen genannt in Baba Mezia 72b und Jebamot 116a, mit einem Weizenmarkt, zur Zeit Rab's, R. Huna's, Rabba's und R. Joseph's.²) שכנציב s. הינצבי.

כר הטרך an einem Flusse (Moed Katan 4b); dafür בר הרטך im Chananel-Commentar, bei Alfasi und Anderen, nachgewiesen in Dikduke Soferim z. St., offenbar identisch mit בני הרטך (Gittin 60b und Jebamot 4b).

הצלפוני, deren Einwohner Rab für Trauerfälle belehrt (Moed Katan 22a), bei Chananel und in einer Handschrift (s. Dikduke Soferim) הצלבוני, nicht näher bekannt.

הרפניא, ein paradiesisch fruchtbarer Ort, den Raba deshalb rühmt (Erubin 19a); von dort war R. Hamnuna, der aber seine Abgaben nach Pum-Nahara, in dessen Gebiet der Ort lag, entrichtete. „In diesem Falle gehörst du nicht zu Harpania", sagte Ulla zu Hamnuna. Jener hatte nämlich die Gelehrsamkeit Hamnuna's bewundert, hierbei aber zuerst hinzugefügt: „Schade, dass du aus Harpania bist" (Jebamot 17a). R. Ami b. Adda führte den Beinamen הרסנאה, wahrscheinlich von diesem Orte (Erubin 59b). Etymologisch wird dieser Name zerlegt הר שהכל פונים אליו mit dem Hinweis, dass sich Alle diesem Berge zuwenden (Jebamot 17a). Ein Jeder von zweifelhafter Abstammung gehe nämlich dorthin, um sich unter der illegitimen Einwohnerschaft eine Frau zu wählen. „Tiefer als die Hölle", wird die Stadt bezeichnet; denn aus jener giebt's eine Erlösung, nicht aber aus dieser, d. h. die Reinheit ihrer Familien kann nicht mehr hergestellt werden. Hierbei wird die geschichtliche Genesis dieser Illegitimität in folgender Abstufung mitgetheilt: Aus der Dienerschaft Salomo's wurde sie nach Tarmud verpflanzt, von da nach Mesene (s. oben S. 17) und von da nach Harpania.

Mit הרפניא scheint auch נהר פניא (Nedarim 55) identisch zu sein, da es ebenfalls als sehr fruchtbar bezeichnet wird; bei beiden Namen ist auch von Weinproduktion die Rede.³) Charakteristisch kennzeichnen sich die Leute von Harpania im Mangel an Pietät, indem sie eine Leiche in den Gewändern liegen lassen, die dann am Tage mit in die Verwesung übergehen, so dass man genöthigt ist, ihr in der folgenden Nacht noch rasch ein Gewand zu weben.⁴)

---

¹) Beza 25b; שילי kann nicht das von Ptolemäus erwähnte Sela sein, wie Cassel S. 186 annimmt, und dem Kohut folgt, da dieses nach Ritter IX, 191 in Iran liegt, unser שילי aber in der Nähe Sura's oder Pumbedita's gesucht werden muss.

²) Vgl. noch Baba Mezia 63b und Baba Batra 172a.

³) Gittin 65b: Aboda Sara 74b (Weinkrüge); Sabbat 127a (Weinkörbe). Ueber דקורי דהרפניא in Baba Mezia 84a vgl. Kohut, Aruch s. v.

⁴) So nach Aruch s. v. שכב mit Chananel's Erklärung z. St. zu vergleichen und zu emendiren; Raschi fasst die Stelle anders auf: Die Leute mussten die Leiche liegen lassen, um erst Geld zu sammeln und dafür das Gewand zur Bestattung zu fertigen.

Wiesner (Scholien III, S. 16) und Neubauer, S. 352, identificiren הרפניא mit Hipparenum[1]) am Nahar-Malka, von Mannert (Geographie V[2] S. 386) in dem bei Plinius erwähnten Macepracta am Narraga erkannt, Sitz einer berühmten Sekte der babylonischen Weltweisen, der Hipparener. Demnach ist die Stadt in der Nähe Nehardea's zu suchen, worauf auch schon die Zugehörigkeit zu Pum-Nahara (s. oben) hinweist; allein sie mit Nehardea ganz identisch zu halten (vgl. Mannert und Ritter X, 146) ist unmöglich.

ואני s. oben S. 18.

ורדוניא, neben בי בארי (s. oben S. 26) und נרש erwähnt, an einem Bergabhange (Sota 10a); von dort[2]) der Beiname R. Ammi's ורדינאה (Beza 27a); vielleicht auch וורדאן[3]) ר' היננא (Gittin 64b), der seine Landsleute als sprüchwörtlich gewordene Geizhälse bezeichnen konnte.[4])

זולשפט (Baba Mezia 73b), richtiger וולשפט (Baba Batra 98a), da handschriftliche Lesarten in Dikduke Soferim an beiden Stellen[5]) nur die Schreibung mit ו oder ב haben, hatte einen bedeutenden Weinhandel; der Platz war für die Bestimmung der Preise massgebend.

זרוקיניא, von dorther wird R. Samuel genannt; einen Fluss זרוק s. oben S. 17.

חביל ימא wird in Kidduschin 72a rühmlichst erwähnt: חביל ימא תכילתא דבבל. Der Küstenstrich[6]) ist der Schmuck Babylons, d. h. diese Gegend hat die Familienreinheit am höchsten bewahrt.[7]) Weiter heist es: שונייא וגוביא וצוצורא תכילתא דחביל ימא; diese drei Ortschaften (welche in anderen Quellen variiren) sind wiederum eine Zierde des Küstenstriches. R. Papa erklärt hierauf: der Küstenstrich, das ist פרת דבורסי.

---

[1]) Neubauer citirt zur Unterstützung dieser Ansicht noch die Lesart כנון הפרניא והיכיניא (Kiddnschin 73a, vgl. oben S. 32), so dass diese beiden berüchtigten Städte neben einander genannt werden. Aber auch ohne dies ist die Identificirung sicher, da eine Methatesis vorauszusetzen ist; wie bei גיהוז'א = Zeugma; כוגיוה = Mazaga, ebenso הרפניא = Hiprania.

[2]) Nach Raschi's erster Erklärung, der er auch an den anderen Stellen folgt.

[3]) So ist auch die Schreibung des Wortes bei Chananel zu Erubin 49b.

[4]) Erubin 49a שנקראין כאנשי וורדינא. Die Verwechselung von היננא und הנינא lässt sich sonst noch nachweisen.

[5]) Die Lesart des Aruch mit לולשפט ist unter den Lesarten nicht vertreten.

[6]) So הים in Zephanja 2, 5 und 6.

[7]) Dass nur so תכילתא, nach Raschi, (selbst wenn es wörtlich „Purpur" bedeutet), zu erklären ist, liegt auf der Hand, wenn man den ganzen Zusammenhang jener Stellen, welche nur für die Discutirung bezüglich der bewahrten Familienreinheit (לעין יוחסין) herangezogen werden, richtig erfasst. Daher kann die vom Aruch als zweite Bedeutung für תכילתא, nämlich תכלית וכוף, nicht näher in Betracht kommen, am allerwenigsten aber mit der Consequenz, wie es Cassel, S. 182 thut, um an der Hand dieser Ausspruche die Endpunkte Babylons festzustellen.

Dass der Euphrat hierbei als „Meer" bezeichnet wird, ist nicht auffällig, da er noch heute in jenen Gegenden el Bahr, das Meer, genannt wird.¹) Dieser Strich Landes ist nach R. Papa's näherer Erklärung die Euphratgegend um die Stadt Babel, welche mit Bursipp identisch ist (s. oben S. 26). Absichtlich wird hier der Euphrat Bursipp's gesagt, nicht Babel's, weil mit letzterem Namen auch das ganze Land bezeichnet wird. Die drei genannten Orte variiren in der Schreibung:

Babylonischer Talmud: Kidduschin 72a שונייא גוביא ציצורא

Jerusalemischer Talmud:²) Kidduschin IV, 1 שנייא נכביא צררייא

Die Lage dieser Ortschaften ist nicht zu ermitteln; nur ähnlich anklingende Namen lassen sich bei Ritter auffinden.

(כו) חוזאי Als zur Zeit Samuel's dort eine Pest wüthete, ordnete er in Nehardea ein Fasten an, wiewohl beide Städte sehr weit von einander entfernt sind. Aber durch die Karavanen, welche zwischen diesen Städten passirten, konnte sehr leicht die Pest dorthin verschleppt werden (Taanit 21b). Von חוזאי nach dem Wohnort Rabina's bedurfte eine Karavane der Zeit von 12 Monaten (Baba Kamma 112b); Levi sandte einmal Geld nach חוזאי, damit man ihm dort einen lybischen Esel kaufe; es wurde ihm aber das Geld zurückgesandt, und etwas Gerste dazu, um ihm damit anzudeuten, dass der schnelle Schritt des Esels in der Gerste, d. h. am reichen Futter liege. Er könne somit auch zu Hause einen tüchtigen Esel erlangen, und brauche nicht erst nach so weiter Ferne zu schweifen (Sabbat 51b). R. Papa hatte 12000 Sus nach חוזא geliehen (Baba Kamma 104b); wiederum hatte Abime b. Abuhu, der von dort war,³) einmal ein Darlehen von den Leuten erhalten (Ketubot 85a). Aus חוזאי war auch R. Acha;⁴) noch einige Amoräer werden החזאה⁵) genannt, doch ist es nicht sicher, ob dieser Beiname nicht eher die Bedeutung Astronom oder Astrolog habe. — Die Einwohner der Stadt waren so rigoros, dass sie sogar von dem Reistcige die Hebe (חלה) dem Priester gaben (Pessachim 50b). — Zweifelhaft bleibt in Kidduschin 72 eine Frau מחוזתא, welche zu heirathen dem R. Huna von Amemar gestattet wurde. Man sollte an eine Machusäerin, d. h. eine Frau aus Machusa hier denken, wie auch Raschi er-

---

¹) Vgl. Cassel, nach Ritter X, S. 44 und Lebrecht, kritische Lese S. 17, der allerdings zugleich behauptet, dass im Talmud selbst der Euphrat nirgends als Meer bezeichnet wird; s. weiter s. v. סורא.

²) Jerusch. Jebamot I gegen Schluss dafür: שניות עונייא גוכייא ובוצריה; Bereschit Rabba Sect. 37 nur צורצייר.

³) Er überbrachte von dort mischnische Lehrsätze (Nidda 5b und Chulin 68b).

⁴) Baba Mezia 39b; Gittin 7a; Ketubot 27b.

⁵) So R. Beroka (Taanit 22a); אברם (Gittin 50) (sollte dieser Name „Abram" bedeuten?) Chanina (Baba Mezia 88a und Sabbat 130b), zur Zeit Rabba's; der Vater stirbt ihm dort (Moed Katan 20a), daher bei ihm החוזאה sicher jener Ortsname.

klärt, der überdies die incorrecte Lesart מטחוזייתא vor sich hatte (da es bei dieser adjectivischen Form eines ב-Ablativs gar nicht bedarf) und noch hinzufügt, dass Machusa nicht zu dem babylonischen Gebiete gehöre, welches die Reinheit der Abstammung verloren habe. Rappoport[1]) bekämpft die Annahme Raschi's und seine Lesart, da ein so klassischer Ort wie Machusa gar keinen Zweifel in Betreff seines Geschlechtsadels zulasse. Es sei daher die Lesart des Textes mit einem ב, welches den Ablativ bedeute, festzuhalten „eine Frau von den Töchtern Chusai's", demnach בי חוזאי, und nicht מחוזא. Rappoport unterstützt seine Behauptung mit dem Hinweis auf den bescholtenen Lebenswandel der Chusäer: Ketubot 111a (die Heirath mit einer Chusäerin) und Nedarim 22a (ein Chusäer erschlägt den andern), daher habe ein Zweifel an der Reinheit der Abstammung in dieser Gegend bestanden, der aber in jenem Spezialfalle nicht zur Geltung kam. Rappoport legt, wie ich glaube, ein zu grosses Gewicht auf die grammatische Form im Patronymicum מחוזייתא, in welcher er einen Plural erblickt, daher „eine Frau von den Chusäerinnen." Fassen wir aber das Wort adjectivisch auf, dann dürfte es bedeuten „eine machosäische Frau", so auch Levy im neuhebr. Wörterbuch „eine Frau aus Machoza." Die Machusäer waren trotz ihrer bedeutenden Männer, die dort lebten und lehrten, bezüglich ihrer Sittenreinheit auch nicht ohne Makel geblieben; man vergleiche nur, was bald darauf (Kiduschin 73a) von den vielen Proselyten in Machusa und ihren Eheverbindungen gesprochen wird. — Welcher Ort unter בי חוזאי zu verstehen ist, bleibt ungewiss. Rappoport (loc. cit.) hält חוזא für Kusia, nach einer bei Bischof aus Assemani erbrachten Notiz, die ich nach Mannert V², 493 vervollständige. Nach demselben lagen die Uxii südöstlich unter den Elymäi des nördlichen Gebirges (in Persien), deren Land Strabo Uxia, Diodor Uxiana nennt; die Syrer nennen das Land Huzia, die Einwohner Huzitae. Hierbei würde die talmudische Angabe von der weiten Entfernung ganz gut passen, und auch die besondere Erlaubniss, von dort eine Frau heirathen zu dürfen, nicht mehr auffallend sein. Denn von dem nahen Elym hiess es ja, dass es im Sterben liege (s. oben S. 17), d. h. die meisten Familien dort bezüglich ihrer Abstammung nicht makellos seien. Weniger wahrscheinlich ist es, mit B. Goldberg[2]) in der südöstlich von Bagdad belegenen Stadt חוזא das in Rede stehende חוזאי zu vermuthen, während S. Chuzin in Bagdad in חוזא das talmudische מהוזא erblicken will. Mit Rappoport's Annahme, die ich oben weiter begründet habe, harmonirt auch Neubauer, S. 380 „ohne Zweifel ist's die Provinz Susiane (Chusistan), im Osten des Tigris und im Norden des persischen Meerbusens."

---

[1]) Kerem Chemed V, 221; Hammagid XVII, 384.   [2]) Hammagid XVII, 305.

חצדד, am Flusse פבא,¹) wo eine Ueberfahrt zur Zeit R. Jehuda's. (Joma 77b), nach handschriftlichen Quellen חצדר.

חרתא דארגיז, Sitz R. Hamnuna's (Erubin 63a und Sabbat 19b); Raschi bringt aus den Responsen der Geonim die Notiz, dass ein Zauberer Argis die Stadt erbaut habe, in der noch heute das Grab des R. Hamnuna vorhanden sei. Nach dem Aruch s. v. ist die Stadt eine Parsa von Bagdad entfernt. Sehr einleuchtend ist Kohut's Hinweis (im Aruch compl. I, 271) auf Chyrrus, nahe an Eragiza = ארגיזא, s. oben S. 23.

חתים (ני). Scherira Gaon im Sendschreiben (ed. Goldberg S. 32) erwähnt diese Stadt als in der Umgegend von Nehardea, von dort stammte R. Achai.

התר (Sanhedrin 5b), vielleicht Hatra im westlichen Mesopotamien,²) bei den Syrern חטרא,³) daher auch vielleicht mit חוטרא im Jeruschalmi Sabbat I, 5 identisch, das Samuel als nahe bei Nehardea bezeichnet.

טטלפוש, Ort in der Gegend von Sura (Chulin 110a). Die Einwohner lebten ohne Kenntniss der religiösen Satzungen, bis Rab sie belehrte. Da man sich für ein Stück Fleisch von gewissem Gewichte des Ausdruckes ריבעא bediente, so lässt sich daraus schliessen (nach Beza 29a), dass man dem Sprachgebrauch von Mechasja hierin folgte.

טטדוריא, nach handschriftlichen Quellen טטוביריא (Aboda Sara 39a), R. Aschi kommt einmal und gestattet den Genuss einer Fischart.

טטרוריתא, im Thale dieser Ortschaft wuchsen Bäume, deren Bast eine Art Wolle abgab, die als Docht diente (Sabbat 20b).

יאי. R. Sera und R. Assi kehrten dort in eine Herberge ein, wo man ihnen Eier, eingemacht in Wein, vorsetzte (Chulin 6a).

יוסחינא. R. Chaja war von dort (Sebachim 112a); heisst auch וסתיניא (Taanit 9a), wo dieser R. Chaja als ein Schüler Raba's zu erkennen ist. Vielleicht gehört hierher auch R. Mescharschja aus וסתיניא (Jebamot 21b). Noch ist אסתיניא zu verzeichnen (Ketubot 111a), dem Pumbedita als bedeutender Ort der Gelehrsamkeit entgegengestellt wird, hält Rappoport für Vestonia, einen Ort in Persien.

יופטי, ein Fluss, an dessen Fähre zwei Gelehrte vor dem Abschiede sich über religiöse Dinge unterhielten (Erubin 64a). Bei Binjamin v. Tudela wird ein Ort Ain Jophata, wo das Grabmal des Propheten Nachum, erwähnt.

כפרי. Dort lehrte R. Chisda, zur Zeit R. Huna's (Erubin 52b und Baba Mezia 6b); es war später Sitz des Mar Ukba und seines Gerichts-

---

¹) Im Aruch s. v. גד richtiger פרת.
²) Ritter l. c. XI, 287.
³) Cassel l. c. S. 186 nach Assemani.

hofes (Kidduschin 44b). R. Huna kam von dort[1]) (Baba Batra 153a). In Betreff des Marktpreises wird (Baba Mezia 73a) bemerkt, dass man in Sura 4 Maass Früchte für einen Sus erhalte, während man in Kafri 6 Maass dafür erhalte. Nach Sabbat 60b scheint es unten im Osten von Pumbedita gelegen zu haben, da R. Chaja aus כפרי[1]) über Pumbedita und Sura nach Palästina ging.

כורסי, wo der Nebo-Tempel war (s. oben S. 10); doch haben die Hilchot Gedolot ed. Ven. S. 120c die richtige Lesart כורסיף, ebenso im Chananel-Commentar z. St.

כלוחית (בי), von dort waren R. Adda und R. Schalmon (Beza 5b), ferner R. Papa b. Chanan (Ketubot 40b).

כרמי, ein Fluss, in den Jemand fiel, der nach drei Tagen bei בי הריא an's Ufer gezogen wurde. Neubauer, S. 394, weist[3]) auf Korma, Stadt und Fluss gleichen Namens, in Iran hin.

כיפי (בי) in Berachot 31a, in handschriftlichen Quellen in Dikduke Soferim בי קופאי, im Aruch auch קיפאי; in der Nähe von הגרוניא und בי דורא, ist nach Neubauer's Vermuthung mit Kufa identisch.

כתיל (בי), von dort war R. Gabiha (Beza 23a und Chulin 26b).

לבא scheint der Name eines Ortes am Kanal בדיתא zu sein (Kidduschin 72a), ebenso לבאי (Moed Katan 11a).[4])

לפט (בי), auf dessen Markt sich R. Beroka aus Chusai einmal befand, ist sicher Ahwaz, Bet Lapetha der Syrer, im Nordwesten Iran's.[5])

מברכתא, in der Nähe von Mechusa, 2000 Ellen von בי אגובר (s. s. v.), Wirkungskreis des Raba; ist vielleicht Macepracta am grossen Kanal, welcher vom Euphrat bis zum Tigris sich erstreckte.[6])

מושכני Moxoene, s. oben S. 19; nicht zu verwechseln mit מושכי (Kidduschin 72a), wie bereits dort bemerkt wird.[7]) Dieses gehört zu den Städten Mediens, wohin nach 2. Buch der Könige 18, 11 die zehn Stämme in's Exil geführt worden sind. Hierüber heisst es Jebamot 17a ערי מדי זו המרן והברותיה ואטרי לה זו ניהר והברותיה. Unter diesen Schwesterstädten will Samuel כרך מושכי חידקי ורוטקיא verstehen. In der Parallelstelle Kidduschin liest man ניהוונד statt ניהר und die beiden letzten Namen lauten חוסקי ורומקי.

---

[1]) Die ganze Familie desselben war aus Kafri, s. Sanhedrin 5a.

[2]) Es heisst aber dort כופרי; ob בני כופרא in Baba Mezia 70a oben nicht auch dieser Ort zu verstehen ist? Allerdings gegen Raschi's Erklärung, nach der es die Leute sind, welche die Schiffe pechen.

[3]) Nach Ritter IX, 374 bei Tacitus erwähnt. — Raschi's Erklärung שם העיר (Jebamot 121a) wird, da von der Stadt dort nicht die Rede ist, שם הנהר lauten müssen.

[4]) Nach dem sogen. Raschi-Commentar beim Alfasi hat das Wort eine andere Bedeutung, nämlich לבאי als Zeitwort „Fische fangen."

[5]) Neubauer nach Ritter IX, 143.

[6]) Mannert l. c. V², 330.

[7]) מושכי להוד וכיושכני להוד.

Rappoport in Kerem Chemed V, 208 wendet diesen Ortsnamen seine besondere Forschung zu; an seine Resultate reihen wir hier zugleich die Ergebnisse Anderer an:

חמדן = Hamadan, heute Ecbatana; s. Ritter IX, 99—128.

נהוונד, wofür in der Parallelstelle Jebamot wahrscheinlich ניהוונד statt ניהר zu lesen ist,[1]) ist Nahawend, 14 Parsa's von Hamadan, wie Rappoport nach Assemani mittheilt oder 14 Stunden im Süden von Hamadan, wie Ritter IX, 96 angiebt.

כרך = Carcha, heute Karak, am östlichen Ufer des Tigris (nach Bischof). Neubauer hält's für Charax, nicht fern den Caspischen Pforten (nach Ritter[2]) IX, 118), was aber weniger wahrscheinlich ist. Immerhin ist dieses Wort hier als Nomen appellativum anzusehen.

מושכי = Moschia; bei Neubauer, S. 377 (nach Plinius: Hist. nat. VI, 4) Moschi, im Gebiet des Gebirges gleichen Namens, im Süden von Colchis.

חומסקי, in der Parallelstelle חידקי, in Cod. Rom היסקי, ist Uxia, vgl. oben S. 36 s. v. חואי.

דומקיא, in der Parallelstelle רומקי, in Cod. Rom רתיקי; Cod. München רדמוקי — wofür Rappoport und Neubauer einen analogen Ort nicht wissen. Cassel, S. 181, will dafür דרומקן oder דרומסקי lesen, was durch die Lesart in Cod. München vermittelst einer Methatesis unterstützt würde. Es soll dann mit Dranga (כ = נ wie גרמטיא), einem Volke der Keilinschrift, bei Ritter IX, 64 identisch sein. Kohut, Aruch compl. s. v. will רומבקיא lesen, weil es dann mit 'Ραμβακια lautlich harmoniren würde, und Rambakia in Persien bei Mannert, Geographie V, 5 darunter verstehen.

מחוזא Machusa, am Tigris, in den Raba seine Glasscherben warf (Baba Kamma 30a) und aus dem die Machusaer ihre Geistesschärfe holten (Berachot 59b und oben S. 29), in dessen Nähe der alte Nehar-Malka, dessen Schleusen einmal verstopft waren und hierdurch Raba's Entscheidung für eine Schadloshaltung der Betheiligten veranlasst wurde (Baba Mezia 106b); in der Nähe von מברכתא, dessen Viehmarkt von den Juden Machusa's besucht wurde (Erubin 74b); nicht weit von Nehardea (Rosch ha-Schana 31b und Nedarim 78a), Nersch und פומנא, s. Baba Mezia 68a, wo commerzielle Fälle dieser drei Städte behandelt werden. Ferner Baba Kamma 115a: Einer aus Nersch hatte ein Buch gestohlen und nach Paphunia für 80 Sus verkauft; dieser Käufer hatte es wieder an Jemanden in Machusa für 120 Sus verkauft. Als der Dieb entdeckt wurde, entschied Abbaje, dass der Eigenthümer des Buches dem Käufer in Machusa 80 Sus erstatte und das Buch zurücknehme, dann fordere Der von Machusa den Rest von

---

[1]) Nach Neubauer, S. 373 נהינוור in einer Talmud-Handschrift der Bodleiana, und נהר ווני in der Parallelstelle Kiddusschin.

[2]) S. auch Mannert V², 175.

40 Sus von dem in Paphunia. Raba entschied anders: Der Eigenthümer erstatte dem Käufer in Machusa die gezahlten 120 Sus, nehme das Buch in Empfang und mache seine Ansprüche auf 40 Sus bei dem in Paphunia geltend, und auf 80 Sus bei dem in Nersch. — Die Stadt hatte eine Mauer (Baba Batra 73a) mit grossen Thoren (Erubin 6a, Joma 11a[1]) und Nidda 67b), mit einem grossen Marktplatz,[2]) und war ganz gepflastert (Sabbat 95a). Neben ihren Häusern befanden sich tiefliegende Hürden, in denen das Vieh zur Nachtzeit eingeschlossen wurde (Erubin 26a nach Aruch s. v. ארא). Im Halse von Machusa, d. h. in einem lang sich ausdehnenden Thalstrich bei Machusa weideten die zahlreichen Heerden der reichen Machusäer (Baba Batra 36a nach Raschbom). — Es scheint dort eine militärische Besatzung gelegen zu haben (Sabbat 147b und Taanit 21a), daher auch Raba aufforderte, zur Pessachzeit das Geräthe der Soldaten wegen des Gesäuerten zu untersuchen (Pessachim 5b). Raba rief in Machusa bei Eröffnung des Mahles nicht wie üblich aus: „Wer nöthig hat, trete ein und nehme Theil," weil es dort zu viele Soldaten gab (nach der richtigen Erklärung des מהרש״א für בני הילא), die der Einladung hätten folgen können. Gärten und Ruinen waren dort zur Zeit Amemar's nicht vorhanden (Erubin 104a). — Es werden dort erwähnt: Aerzte (Sabbat 133a unten), fleissige Sackträger (Baba Mezia 77a), die sehr arbeitsam waren, so dass sie unwohl wurden, wenn sie nicht arbeiteten. Es ist die Rede von einer jüdischen Weinhandlung und heidnischer Kundschaft (Aboda Sara 47b und 78a); von Kaufläden, die nur am Tage geöffnet waren (Baba Batra 29b). Die Machusäer trieben Handel im Umherziehen.[3]) — Von einem Geistesleben im Volke war dort nichts besonderes zu bemerken, so dass Abbaji ironisch dem Raba bei einer Gelegenheit zurufen konnte: In Tiberias und Nehardea seien keine בני תורה, aber Machusa habe sie?! (Aboda Sara 58a). Von einer Synagoge der Juden aus dem römischen Reiche zur Zeit Raba's ist in Megilla 26b die Rede. Genannt werden dort: Raba (s. oben S. 39), der sein Lehrhaus von Pumbedita dorthin verlegt hatte,[4]) sein Lehrer Nachmann b. Jakob und andere Gelehrte (Sanhedrin 30b), wie auch ein reicher Verkehr mit auswärtigen Gelehrten, die dorthin kamen, stattfand.

Mit dem Beinamen מחוזנאה, dem Adjectivum von מחוזא erscheinen: R. Chanilai (Erubin 57a); R. Chabibi, Zeitgenosse R. Aschi's (Sabbat 87b

---

[1]) Vgl. noch oben S. 23.

[2]) ריסתקא = ein freier Platz s. Perles, etym. Studien S. 84; Baba Mezia 83a; Baba Batra 12b; Berachot 54a; daher ריתקא Sabbat 124b zu verbessern.

[3]) Gittin 6a unten, דניידי ist in dieser Bedeutung aufzufassen, wie Ketubot 15b, הני ניידי והני קביעי דקיימי Jene (die Karavanen) bewegen sich, sind unstät; aber diese (die Stadtbewohner) bleiben an einem Orte.

[4]) Scherira's Sendschreiben ed. Goldberg, S. 31.

und Baba Kamma 72a); R. Simi (Makkot 16a); R. Chanin (Gittin 85b), daher auch in Kidduschin 6b מחוגאה für מחואה zu lesen ist. — Viele Proselyten waren dort vorhanden; als einst R. Sera dort öffentlich lehrte, dass einem Proselyten die eheliche Verbindung mit einer Bastardin gestattet sei, wollten sie ihn mit ihren Esrogim todt werfen. Raba verwies auch solche Rede, die an einem Orte mit so vielen Proselyten zu halten eine Verwegenheit sei. Er selbst verkündete zuerst: Ein Proselyt darf eine Priestertochter heirathen, worauf man ihn reich beschenkte (mit Seidengewändern bepackte); als er dann weiter vortrug: Ein Proselyt darf eine Bastardin heirathen, da riefen sie aus: Du hast den Werth deiner ersten Lehre dadurch herabgesetzt. Raba sagte ihnen: Es bleibt euch hierin die Wahl; thut, was euch gut ist. — Ganze Familien liess Raba als illegitim bekannt geben (Kidduschin 70b). — Die Machusäer haben einen unstäten Blick, weil sie sich in dunkeln Räumen aufhalten (der Hitze wegen), und somit das Sonnenlicht nicht gut ertragen (Berachot 59a). Sie sind verweichlicht, so dass ihre verwundete Haut keinen Essig verträgt und sie dafür Wein nehmen müssen (Sabbat 109a).

Raba, der in Machusa wohnte und die Lebensweise in Machusa aus eigener Anschauung kannte, nahm oft Gelegenheit, diese zu geisseln: Die Frauen essen, arbeiten aber nicht (Sabbat 32b); dennoch ruft er den Männern zu: Ehret eure Frauen, damit ihr reich werdet; d. h. flösst ihnen Achtung vor sich selbst ein, und führt sie dadurch zu einem wirthschaftlichen Leben (Baba Mezia 59a). — Bei ihrem grossen Reichthume galten ihnen goldene Ketten und Armbänder nur für geringe Gaben, welche die Frauen bei der Einsammlung von milden Beiträgen beisteuerten, so dass es den Armenvorstehern gestattet war, sie ohne Weiteres anzunehmen. In allen anderen Fällen war es Vorschrift, was und wieviel man von einer Frau (ohne Wissen des Mannes) zu einem wohlthätigen Zweck annehmen darf (Baba Kamma 119a). Als man den Frauen gestattete, am Sabbat mit Goldreifen um den Kopf auszugehen, sah man in ganz Nehardea nur 24 solcher geschmückten Frauen, in Machusa aber kamen aus einer Gasse allein 18 derselben hervor. So reich war Machusa und so putzsüchtig waren seine Frauen. Die Schwelgerei macht die Machusäer reif für die Unterwelt, klagt derselbe Raba (Rosch ha-Schana 17a). „Ich bitte euch," ermahnt er sie einmal, „regt euch gegenseitig [1]) zum Wohlthun an, damit es euch wohlergehe im Staate. Von ihrer Trunkenheit ist die Rede (Taanit 26a), von ihrer Ueppigkeit (Sabbat 109a), von ihrer eng anschliessenden Kleidung

---

[1]) Baba Batra 9a; עושו בהדי הדדי כי היכי דלהוי לכו שלמא במלכותא mit Bezugnahme auf eine andere Sentenz, dass der, der keine Wohlthätigkeit übt, das Vermögen auf gewaltsame Weise verliere. — Ueber den Ausdruck עושו, helfen, unterstützen nach Bacher s. dessen Schrift: Die Agada der babylonischen Amoraer, S. 117.

nach Stutzerweise (Sabbat 112a). Von einer schaurigen Blutthat zweier Einwohner aus Machusa wird (Nedarim 22a) berichtet.

Als Spezialität von Machusa findet man erwähnt: Ihre Geldbeutel (Ketubot 67a); Matten, darauf Datteln auszustreuen und zu trocknen (Sukka 20b); Reisig (Baba Batra 7a); Kröten und Eidechsen (Nidda 56a). — Ueber die Eintagsfliege, die einen Mann aus Machusa stach (Chulin 58b), s. die nähere Auseinandersetzung bei Löwysohn, Zoologie des Talmud, S. 318.

Vom grossstädtischen Leben und Treiben in Machusa rührt der Ausdruck מתונא für Grossstädter überhaupt her, entgegengestellt dem הקלאי, dem Landbewohner, Kleinstädter; so z. B. bezüglich der Kleidung, Sabbat 12a; des Gebäcks, Berachot 37b.

Nach Ritter X, 171 ist es die von Kosru Anuschirwan erbaute Stadt Rumia, welche zur Zeit Greg. Abul Pharaj Al Mahuza genannt wurde, demnach ist sie später als zur Zeit Raba's erbaut worden. Die Anlage der Stadt und ihr Reichthum in der Beschreibung bei Ritter passen ganz mit den talmudischen Angaben. Man könnte daher sagen, dass Mahuza gerade der alte Name gewesen, der später nach der Verschönerung in Rumia, d. i. Römerstadt, vertauscht wurde.[1]) Was Ritter X, 166 aus Assemani anführt, wonach Mahuza später eine bischöfliche Provinz war, worin Ktesiphon, Coche, Seleucia lagen, ist offenbar dafür Mahuza zu lesen. Hiermit wäre auch bestätigt, was bereits oben S. 24 über die nahe Verbindung dieser Städte aus talmudischen Quellen mitgetheilt worden ist.

B. Goldberg's Behauptung (im Hammagid 1874, S. 68 ff.), dass das talmudische Machusa das heutige Bagdad sei, geht so ziemlich auch aus Kiepert, Lehrbuch der alten Geographie S. 148 hervor. Nach demselben existirten Seleukia am Tigris nebst Ktesiphon und Coche bei den Syrern der ersten christlichen Jahrhunderte unter dem Collectiv-Namen „Madain," die Städte, und erhielten sich unter diesem Namen blühend, bis im 9. Jahrhundert die neue Hauptstadt Bagdad, wesentlich wieder aus dem Material der alten Hauptstädte, erbaut wurde. — Das Machusa im Talmud aber spiegelt nach vielen Beziehungen hin die alte Seleucia ab, jene Tigrisstadt, die wichtigste aller, von Seleucus Nicator (von welchem ausser dieser noch 8 Städte nach seinem Namen benannt werden) angelegten Städte, die durch ihre glückliche Lage, ihren unermesslichen Handel und andere Begünstigungen bald eine der reichsten und grössten Städte der Erde wurde. Bei Josephus, Arch. XIII, 7, 1 genannt, bei Strabo bekannt, unter Trajan zum Theil, von seinem Nachfolger ganz zerstört, wechselt sie beim Wiederaufbau den Namen — Machusa, Rumia und endlich Bagdad bezeichnen die jedesmalige Metamorphose, aus dem die Stadt,

---

[1]) S. auch bei Wiesner, Scholien I, 121.

wie der Phönix, so oft sich aus ihrer Asche erhob. Wer mit Aufmerksamkeit die einzelnen Angaben über die alte Seleucia bei Mannert V und Ritter X verfolgt, dem wird es zur unumstösslichen Gewissheit werden, dass im talmudischen Machusa die alte Seleucia zu finden ist. Was von dieser selbst im Talmud erwähnt wird, ist der Name (s. oben אקרא דםילק), ferner bei Josephus, Arch. XIII, 17, 1: dass die Juden, dem Druck der Babylonier weichend, nach Seleucia zogen, und die durch Rappoport[1]) klar gelegte Notiz in Megillat Taanit Cap. 14. Es heisst dort: בי״ז אדר קמו עממיא על פליטת ספריא במדינת בלקו ובית זכדאי והוה פורקן לישראל. Im Jeruschalmi Taanit II, 13 liest man בלקם für בלקו und in Jer. Megillat I, 4 כלקום dafür. Rappoport emendirt סליקום, worin die in Rede stehende Seleucia zu erkennen ist, und weist בית זבדאי in dem von den Syrern benannten Zabdäa nach. Wie aus Mannert V[2], 306 nach Amianus zu ersehen, ist auch die Stadt unter dem Namen Bezabda, nordöstlich von Nisibis, näher bekannt; sie wurde den Römern von den Persern unter Schabur abgenommen. Den Ueberfall in Seleucia vermuthet Rappoport (nach Josephus, Arch. XVIII, 16) in die Zeit der Kämpfe der beiden Brüder Aniläus und Asinäus zu legen, in der die Juden in Seleucia überfallen wurden und sich nach Ktesiphon retteten.[2])

מיכסי (בי), in der Zeit und in der Nähe Raba's, an den aus dieser Stadt eine Anfrage in Betreff מי שהציו עבד והציו בן חורין gerichtet wurde (Jebemot 45a). Die Juden derselben waren arm, liehen sich von den Nichtjuden Geld und fielen, da sie nicht bezahlen konnten, den Letzteren als Sklaven zu (Gittin 46b). Die irdenen Geräthe dieser Stadt waren als besonders fest bekannt, so dass sie vom Inhalte nur wenig einsogen (Aboda Sara 33b). Auch war dort der Haupthandel mit Kleidern (Ketubot 67a). Die Fruchtbarkeit des Striches von בי מכס bis אקרא דתולבקני wird (Ketubot 112a) der Palästina's, wo Milch und Honig fliesst, gleichgestellt. In der Parallelstelle (Megilla 6a) wird zwar בי כובי für בי מכסי gelesen; allein nach handschriftlichen Quellen[3]) ist die letzterwähnte Lesart sicher. Es ist Maksin gemeint, am Chabur, in der fruchtbarsten Gegend Mesopotamiens.[4])

מישן Mesene. Ueber den sittlichen Zustand bereits oben S. 17. Wenn zehn Maass Frechheit auf Erden gekommen sind, so kommen neun davon auf Mesene allein (Kidduschin 49b). Wie Rab über die Familienreinheit der Mesener geurtheilt hat, ist bereits erörtert worden (s. S. 17). Sein Urtheil ist durch Samuel gemildert worden, indem er sagt: Nicht

---
[1]) S. Haschachar V, 492.
[2]) Vgl. auch Mannert V[2], 393.
[3]) S. Dikduke Soferim zu Megilla 6a; ferner Aruch s. v.
[4]) S. Ritter XI, S. 274, 283, 294. Cassel, S. 180, rechnet sogar so ziemlich die 22 Parsa's heraus, welche nach der talmudischen Angabe zwischen beiden Orten liegen sollen, in gerader Linie nämlich vom Chabur bei Makesin bis zu Rumkalah.

wegen einer etwaigen Abstammung von (nicht freigelassenen) Sklaven oder Bastarden werde ein Makel an den Mesenern gefunden, sondern wegen der Ahroniden, welche sich, gegen die religionsgesetzliche Vorschrift, mit geschiedenen Frauen zu verheirathen pflegen. — Im Jeruschalmi Pessachim IV, 1 wird erzählt, dass einst die Mesener die Anfrage stellten: es bestehe bei ihnen seit alten Zeiten her das Verbot, eine Seefahrt auf dem grossen Meere (dem ihnen zunächst fliessenden persischen Golf) zu unternehmen; ob sie nun verpflichtet seien, diese Einschränkung Seitens der Vorfahren noch weiter aufrecht zu halten. Eine Spezies kleiner Schiffe führte ihre Benennung von Mesene; ihre eigenartige Construction, die von Rab. Chananel im Commentar zu Sabbat beschrieben ist, war für das Marschland, wie Mesene es bildet, eingerichtet. Von dem bedeutenden Verkehr verschiedener Nationen auf den mesenischen Handelsplätzen zeugt das Motiv in der talmudischen Vorschrift, dass ein Gläubiger, der sich eine bestimmte Münzsorte als Zahlung ausbedungen hatte, diese aber vor der Verfallzeit ausser Curs gesetzt sei, die von ihm selbst ausbedungene, obgleich abgerufene Münze nehmen müsse, da er sie doch in Mesene (wo ja Geschäftsleute aus verschiedenen Ländern verkehrten) ausgeben könne. — Genannt wird R. Ukba aus Mesene, mit R. Aschi dem Aelteren verkehrend, zu dem er in einem Spezialfalle die merkwürdige Aeusserung that: Ihr, die ihr Samuel und Rab näher steht, folgt dem Brauche derselben, d. h. dem babylonischen; wir (die wir denselben ferner stehen) folgen dem R. Jochanan, d. h. dem palästinensischen Brauche.

Nach Kidduschin 71b liegt מישן am unteren Tigris und stösst an Apamea (s. oben S. 22). Es stimmt diese Bezeichnung mit dem griechischen Μεσήνη = Mittelland, einer Landschaft im südlichen Theile Mesopotamiens.[1]) Eine Stadt dieses Gebietes פרת דמישן, womit das biblische רחובות עיר Gen. 10, 11 in Joma 10a übersetzt wird, ist auch in syrischen Quellen als Perat Maissan oder Bosar bekannt (s. Ritter X, 151), mit Alt-Basra identisch, welches an einem Euphratarm lag (ebendas. S. 54). Es ist daher der Name recht erklärlich, wie auch die Metropolis der Nestorianer in Basra den Titel „Euphrates Pherat Mesene" erhielt. Man hat daher nicht nöthig, mit Grätz[2]) zu entscheiden, „die gesicherte Lesart Phorath (Fora) beweist, dass dabei durchaus nicht an den Euphrat zu denken ist. Für Phorat, syrisch und talmudisch פרת geschrieben, muss also eine andere Etymologie gesucht werden." Wie auch die weiteren Consequenzen, welche Grätz hieraus zieht, hinfällig werden, soll weiter unten s. v. פרת דבורסיף gezeigt werden.

---

[1]) Näheres bei Mannert V², 359 ff.
[2]) S. dessen Schrift: Das Königreich Mesene (Breslau 1879), S. 18 Note 2.

מלונא, davon adjectivisch מלונאה (קבא) (Pessachim 48a und b), ein Maass dieses Ortes, von Rab, im ר״י von Raba angeführt; nach handschriftlichen Quellen in Dikduke Soferim z. St. מגלונאה, demnach würde der Ort מגלא heissen.

סמגריא (Kidduschin 72a), ein Ort in Babylonien, deren Einwohner Bastarde sind, nach dem Ausspruche des Patriarchen R. Jehuda, den er in der Stunde des Todes gethan hat.

משרוניא an einem Waldfluss, an dessen Ufern R. Natan b. Hoschia die Bäume fällen liess, um einen freien Platz von 16 Ellen zu schaffen (Baba Mezia 107b), vielleicht am Persergolf der Küstenort Maschur, bei dem abwärts noch ein Fluss Lusbach genannt wird (Ritter IX, 162).

מתא מחסיא, mit unbedeutender Einwohnerzahl, da es von R. Aschi als ein Ort zwischen Stadt und Dorf erklärt wird (Ketubot 4a), war auch von Nichtjuden bewohnt, von denen derselbe behauptete, dass sie stolz und hartnäckig seien, indem sie den Glanz der alljährlich zwei Mal[1]) dort stattfindenden Versammlung der babylonischen Gelehrtenjünger in eigener Anschauung wahrnehmen und doch nicht bekehrt werden (Berachot 17b). Die jüdischen Laien daselbst waren im öfteren Verkehr mit den Gelehrten zu familiär geworden und respektirten die Letzteren nicht nach Gebühr. „Es ist vielleicht Einer aus Mata Mechasja," sagt Rabina zu R. Jirmeja, als Jemand vorbeiging, ohne sein Haupt zu bedecken.[2]) Es waren dort viele Schlächter, wie überhaupt starke Viehzucht getrieben wurde.[3]) Die Juden reinigten den Fluss und räumten die Sandbänke darin fort; s. oben S. 28 s. v. ביר. Ein Sprüchwort kursirte: Besser auf dem Düngerhaufen Mate Mechasja's als im Schlosse zu Pumbedita (Horajot 12a und Keritut 6a). — Eine Reihe von Differenzen in Rechtsanschauungen werden mitgetheilt, welche zwischen den Gelehrten dort und denen Pumbedita's obwalteten (Ketubot 55a). Eine alte Synagoge erwähnt R. Asche (Megilla 26a), die wegen Risse baufällig geworden war und daher neu aufgebaut werden musste. R. Asche schlug auf dem Bauplatze sein Nachtlager auf, bis die Synagoge vollständig wieder hergestellt war[4]) (Baba Batra 3b). Die Häuser der Stadt durften die Synagoge nicht an Höhe überragen. Darauf hielt R. Asche sehr viel, indem er darin die Garantie fand, dass sie nicht zerstört werde. Und doch, fügte man später hinzu, ist sie zerstört worden — allerdings in Folge einer anderen Versündigung (Sabbat 11a).

---

[1]) S. Baba Mezia 68a.
[2]) Kiddnschin 33a, gerade das Haupt bedecken galt damals als Zeichen des äusseren Anstandes.
[3]) Baba Kamma 119b am Schlusse und Sanhedrin 7b; in der Parallelstelle Horajot 3b ist von 10 Schlächtern die Rede.
[4]) Vgl. das. die lehrreichen Bemerkungen Mattisja Straschun's in den Noten ed. Wilna.

Folgende Gelehrte werden dort genannt: R. Asche; derselbe führt auch Gelehrte von Mate Mechasja an (Baba Mezia 68a); sein Sohn Tabjome, von dessen Erhebung zum Schulrektor (Baba Batra 12b) erzählt wird; Rabina (Joma 86a und Raschi das.) Mate Mechasja wird der Stadt Babel entgegengestellt (Gittin 68a unten und Erubin 63); auch der Stadt Sura (Baba Mezia 68b und Beza 29a), woraus sich ergiebt, dass Mate Mechasja und Sura nicht identisch sein können. Eine solche Identität[1]) behauptet aber bereits Scherira im Sendschreiben ed. Goldberg S. 31. Der Name מתא מחסיא selbst kommt vor der Zeit des R. Asche gar nicht vor, und es ist wahrscheinlich, dass eben dieser einflussreiche Gelehrte dem Orte Sura den Namen Mata Machseja gegeben und zwar nur dem Theile, in welchem die zahlreiche Judengemeinde wohnte.[2]) — Ein ähnliches Verhältniss war in Lucena, welches ganz von Juden erbaut und bewohnt wurde; s. Zeda la-Derech, Vorrede S. 15a.

נהר Nahr, bezeichnet einen Fluss, auch Kanal, und wird dem betreffenden Namen vorgesetzt, woraus aber auch, häufig zu einem Worte zusammengezogen, der Namen für den Ort selbst geworden ist, der an dem betreffenden Wasser liegt.

Schwierig bleibt es oft, die im Talmud erwähnten Gewässer näher nachzuweisen. „Wohl weiss Jeder, schreibt Friedrich Delitzsch (S. 68 der Schrift: Wo lag das Paradies?) der sich, sei es an Ort und Stelle, mit der Topographie Babyloniens beschäftigt hat, wie verwickelt auf diesem Gebiete die Untersuchungen sind, wie schwer sich bei so wechselnden Bodenverhältnissen wie den babylonischen Sicheres für die älteste Vergangenheit feststellen lässt. Die beiden Ströme Euphrat und Tigris haben seit jener alten Zeit wiederholt ihren Lauf verändert, theils von selbst, theils durch Zuthun menschlicher Arbeit, und die zahllosen Kanäle, zum grössten Theil seit Jahrhunderten ausgetrocknet und versandet, lassen sich nur schwer, mitunter überhaupt nicht mehr in ihrer ursprünglichen

---

[1]) והיא סורא דמוקרי מתא כהסיה Neubauer, S. 344, will sich mit dieser Identificirung nicht einverstanden erklären und schlägt vor, die Worte bei Scherira (im Juchasin lauten sie והוא סורא דהיא כיתא כוהסיא) zu corrigiren, und für דמוקרי (im Juchasin für ודהיא) zu lesen הקרובה (dann also auch לכותא) zu lesen.

[2]) Worte Lebrecht's in der Schrift: Kritische Lese etc. zum Talmud, S. 18, und hierzu in der Note: „Darauf deuten (die bereits oben angeführten) Worte des R. Aschi hin, dass Mata Machseja für eine Stadt zu klein, und für ein Dorf zu gross sei. Vgl. noch bei Lebrecht, S. 52, dass die Aussprache Machseja, wie das nom. prop. Jirmeja 32, 10, lauten müsse. Vielleicht bekam Sura unter R. Aschi diesen Namen als Sitz der Wissenschaft, als die alma mater, „קרא דאורייתא" (Berachot 17b) gesegnete Stätte der Weisheit (כוהביה = Zuflucht Gottes, ähnlich Tiberias = כועיה). Schon das Wohnhaus des Rab allein galt als Heiligthum, als מקדש מעט (Megilla 29). Aber alle diese Erscheinungen begünstigen die Annahme, dass nur ein Theil der Stadt Sura den Namen מתא כוהסיא trug."

Länge und Richtung unterscheiden und bestimmen." Indem ich hier ein Verzeichniss der Gewässer folgen lasse, muss ich zugleich für die einzelnen Namen auf das Register am Schlusse hinweisen, in welchem die Seite angegeben wird, welche den betreffenden Namen näher nachweist.

פניא	גמדא	איתן
פפא	דיגלת	אשל
פפיתא	דכים	אשחטית
פרת	דנק	בכ
רוגנג	יואני	בריתא
רכים	יופטי	בורניץ
שילהי	טלכא	ביל
שניותא	סניא	בירן
תווהא	עזק	גווא

Wie man aus Gittin 73a ersieht, kam es vor, dass der Grund, wohin ein Kanal zu leiten war, durch Expropriation ohne Entschädigung von der Regierung genommen wurde. — Die Steuer-Distrikte wurden nach dem Stromgebiete eingetheilt (Sanhedrin 25b); der Erheber hiess daher „Stromoberster" (ריש נהרא), der in der nicht schmeichelhaften Gesellschaft des Strafbüttels erscheint.[1]

Folgende Städtenamen sind mit dem Worte נהר verbunden:

נהר אבא Nahar Abba, wo man nach dem Ausspruche R. Chisda's (Sabbat 140b) solches gute Leinen fertigt, dass man das Hemd alle 30 Tage waschen könnte, und es würde dennoch ein ganzes Jahr halten. Bei Ritter X, 192 wird ein Nahraban, abwärts von Wasit, erwähnt; das Gebiet el-Nahrawân, von dem das untere sich bis nach Wasit hin erstreckt, beschreibt Jâcût (s. Wüstenfeld in der Zeitschrift der deutsch morgenl. Gesellschaft XVIII, 406).

נהרביל Neharbel; von dort R. Assi (Chulin 87b), wahrscheinlich mit R. Jose (Chulin 136a) identisch. נהרבלאי bezeichnet Einen aus Neharbel in Baba Mezia 104b und den Amora Rami b. Berochi in Sanhedrin 17b. — Sollte der Name mit „Bel" zusammenhängen und somit „Belsstrom" bedeuten?

נהרדעא Nehardea, in alttalmudischer Zeit zuerst von R. Akiba erwähnt, der da sagt: Als ich nach Nehardea hinabzog, um ein Schaltjahr einzusetzen u. s. w. (Jebamot 115a und 122a). Nehardea und Sura waren die bedeutendsten Centralsitze der jüdischen Geistesthätigkeit in Babylon, wie sie auch ihrer geographischen Lage wegen als die beiden äussersten Radien in der Peripherie des jüdischen Babylons bezeichnet werden.[2] — Wo Nehardea und Babel entgegengestellt werden, sind nicht

---

[1] Taanit 20a; die Etymologie des Wortes נורפתי unterstützen Perles, etym. Studien S. 117 und Kohut, Aruch s. v. נ.

[2] Berachot 44a; Jebamot 116: בדקו רבנן מסורא ועד נהרדעא; wie für Palästina die Phrase in Sanhedrin 94b בדקו מדן ועד באר שבע מגבת ועד אנטיפרס.

die Städte, sondern die nach denselben benannten Bezirke gemeint, welche in manchen Usancen differirten. So Ketubot 54a, wo Nehardea und Zubehör von Babel und Zubehör unterschieden werden; daher auch Baba Batra 145a nach der Erörterung des Brauches in Nehardea die Frage aufgeworfen wird: שאר בבל מאי Wie ist's aber im übrigen Babylon? Es wird sogar angegeben, bis wohin die Diözese Nehardea reiche, nämlich bis dahin, wo das Kabmaass Nehardea's in Gebrauch genommen werde.

Die Stadt Nearda wird bereits von Josephus (Arch. XVIII, 9, 1 und 9) als eine befestigte, volkreiche Stadt erwähnt, wo die fliehenden Juden sichere Zuflucht fanden. Auf diese Schutzfeste bezieht sich der talmudische Ausspruch (Erubin 45a), dass Nehardea als eine der Grenze benachbarte Stadt anzusehen sei, für welche besondere gesetzliche Bestimmungen bezüglich der Vertheidigung existirten und die Ausnahme, Hunde züchten zu dürfen, gestattet wurde (Baba Kamma 83a). Nehardea erweist sich auch nach talmudischen Quellen als eine Stadt grossen Zusammenflusses von Fremden und als Zielpunkt bei feindlichen Ein- und Ueberfällen. So wird Erubin 34b ein פולמוס (Polemos) in Nehardea zur Zeit R. Nachmann's, in dem sogar die meisten Juden waren, was auf Odenatus und sein Heer bezogen werden könnte, und Aboda Sara 70b zur Zeit R. Dimi's erwähnt. Dagegen kann das Heer zur Zeit Samuel's (Berachot 30b) schwerlich ein anderes als ein persisches gewesen sein. Bei einem solchen Ueberfalle wurden die Töchter des R. Nachmann gefangen weggeführt; wenigstens nennen sie ihre Männer als Nehardeer (Gittin 45a).

Viele Gelehrte werden von dort genannt, von denen Samuel, der Rektor der Hochschule daselbst, den bedeutendsten Namen trägt.[1])

Die Synagoge zu Nehardea,[2]) welche den besonderen Namen שף יתיב führte, genoss ein sehr heiliges Ansehen; sie wurde neben der Synagoge von Huzal als die Stätte bezeichnet, an der die Herrlichkeit Gottes dauernd throne[3]) (Megilla 29a). Samuel und sein Vater, Rab und Levi verrichteten darin ihre Andacht, obgleich darin die Königsstatue aufgestellt war.

---

[1]) S. D. Hoffmann's „Mar Samuel, Lebensbild eines talmudischen Weisen der ersten Hälfte des dritten Jahrhunderts." Leipzig 1873).

[2]) Nach Raschi wäre Schafjatib ein Ort in der Nähe Nehardea's, so dass in בכניש֯תא דשף יתיב בנהרדעא mit Nehardea „das Gebiet gleichen Namens" gemeint sei. Allein es geht dies nicht einmal aus Scherira's Sendschreiben ed. Goldberg S. 29 hervor. Die Erklärung desselben für שף יתיב „das Heiligthum hat sich (von Jerusalem) fortbewegt und da (in Nehardea) niedergelassen," lässt es ganz gut zu, dass die eigens benannte Synagoge in Nehardea selbst existirt habe.

[3]) Nach Aruch s. v. שפה ist die Stelle in Megilla 29 zu emendiren: בבבל היכא שריא שכינה אמר רב בכנישתא דהוצל ישמואל אמר בכנישתא דשף אבד ויתיב. Die Synagoge soll von dem Könige Jechonja und den Exulanten aus dem Material des zerstörten Tempels aufgebaut worden sein.

Denn diese Aufstellung war, wie D. Hoffmann[1]) sehr richtig bemerkt, nicht erfolgt, damit dem Standbilde göttliche Verehrung zu Theil werde, da die Perser selbst den Bilderdienst verabscheuten, sondern als Zeichen, dass nun alle Angelegenheiten der Juden unmittelbar dem Landesherrn untergeordnet seien.

Die Einwohner Nehardea's bestanden aus sehr gemischten Elementen; besonders gab es viele Proselyten oder Abkömmlinge derselben, die man nicht einmal zu den niedrigsten Diensten für fähig hielt (Kidduschin 76b). Ausserdem waren viele Paria's, פסולים, durch ihre Abkunft von Sklaven (Kidduschin 70b). Arabische Diebe hausten dort (Baba Batra 36a); von 70 Einbrüchen am Todestage R. Eljaschib's ist die Rede (Moed Katan 25b). Karavanen zogen von dort nach dem fernen Chusai (Taanit 21b). Seefahrer, auch jüdische, gingen wahrscheinlich von dort nach dem persischen Meerbusen.[2]) Von der Unkeuschheit der Einwohner wird Grauenhaftes erzählt (Joma 19b).

Ausdrücklich wird erwähnt, dass es in Nehardea keine Christen gebe, denen gegenüber man sonst den Zusatz ברוך שם nach dem Einheits-Bekenntniss im Schma demonstrativ mit lauter Stimme hätte recitiren müssen (Pessachim 56a). Man hätte dort auch die Zehnworte in's tägliche Gebet-Ritual aufnehmen können, wenn nicht mit Rücksicht auf die Christen, welche in diesen Geboten allein (nach der Abrogirung aller anderen Gebote der Thora) den ganzen Inhalt des Gesetzes erkennen, die früher übliche gewesene Recitirung der Zehnworte im öffentlichen Gottesdienste bereits allgemein abgeschafft gewesen wäre (Berachot 12a).[3])

Was die Stadt selbst betrifft, so gewinnen wir für dieselbe folgende Angaben: Die Thore waren zum grossen Theile mit Schutt verstopft (Erubin 6b). Zu den oberen Stockwerken der Häuser führten keine Treppen, es wurden Leitern zum Aufsteigen benutzt (Kidduschin 81a). — Ueber den Werth der Grundstücke und Ländereien sind in Ketubot 61b Angaben zu finden. Der Verkauf von Grundstücken erfolgte nicht durch öffentliche Licitation (Ketubot 100b), wie auch kein öffentlicher Verkauf von Hinterlassenschaften, um für die Waisen das Kopfgeld an den Staat oder die Verpflegungs- oder Beerdigungskosten zu bezahlen, stattfand. Es war dies dem nobeln Ansehen der Nehardeer zuwider.

---

[1]) S. dessen Schrift: Mar Samuel, S. 41 und die Note 3 das. „Dem Umstande, dass dies auf keine Weise einem Götzendienste ähnlich war, ist es zuzuschreiben, dass die Juden hier keinen solchen hartnäckigen Widerstand entgegensetzten, wie zur Zeit des Caligula, als man ein Kaiserbild im Heiligthume aufstellen wollte; cfr. Joseph. Ant. XVIII, 8."

[2]) Mit Seefahrern (נחותי ימא) unterhält sich Samuel (Sabbat 20b), ebenso R. Jochanan (Rosch ha-Schana 21a).

[3]) So glaube ich den vermeintlichen Widerspruch zwischen den beiden Talmudstellen gehoben zu haben; vgl. auch צל״ח z. St.

In Nehardea wurden Feigen gewonnen und solche zu Wasser verladen (Baba Batra 22a); Wein wurde gekeltert (Aboda Sara 56b). Sonst scheint die Fruchtbarkeit dort gegen die anderen Landschaften Babylonien's bedeutend geringer gewesen zu sein. Es wird dort die Palmengrenze anzunehmen sein; die nördliche Grenze der Dattelwälder, wie Ritter XI, 703 sie näher angiebt. Dem Misswachs dürfte es zuzuschreiben sein, wenn (Ketubot 97a) mitgetheilt wird, dass in Nehardea häufig Hungersnoth geherrscht hat.

Der Resch-Galutha hatte seinen Sitz in Nehardea, dessen Beamte sich als reich und mächtig erwiesen (Baba Batra 36a), dessen Gelehrte als Zeichen der Abhängigkeit besondere Abzeichen an den Gewändern trugen (Sabbat 58a).

Von dem Benehmen der Beamten (des Resch-Galutha) ist uns eine drastische Schilderung aufbewahrt (Gittin 14b): R. Achi wollte durch zwei Gelehrte, welche nach Nehardea reisten, ein ihm dort verbliebenes silbernes Gefäss abholen lassen. Die Nehardeer aber verlangten, dass sie zuvörderst durch die Vollziehung des Uebergabeactes (קבלת קנין) das Risiko beim Transport übernehmen sollten. Als der Eine von ihnen dies nicht wollte, da schlugen sie ihn jämmerlich. Bei ihrer Rückkehr gaben die Gelehrten eine Schilderung von dieser Polizei: Es sind Leute von ungewöhnlicher Länge, mit ellenhohem Turban bedeckt, mit einer robusten Stimme, als wenn sie aus dem Unterleibe käme, sie commandiren schnell mit persischen Kraftworten,[1]) befehlen zu fesseln, zu tödten, und es geschieht alles im Nu. Sie sind mit königlicher Macht bekleidet; haben Pferde und Maulesel im Gefolge.

In Nehardea scheint von jeher ein starker Zufluss von Einwanderern aus Palästina bestanden zu haben, die auf gesetzliche Einrichtungen und sprachliche Differenzen influirten. Den Brauch, am Sonnabend Nachmittag aus den Hagiographen vorzulesen, wie er von Nehardea in Sabbat 117b bekannt ist, weist Rappoport[2]) in geistreicher Weise als einen ursprünglich palästinensischen Brauch nach. Auch die Differenzen zwischen den Nehardeern und den Suranern für den Schrifttext und das Targum sind hierauf zurückzuführen, wie dies näher in der Vorrede zu meiner „Massorah zum Targum Onkelos" und im zweiten Theile der kritischen Targum-

---

[1]) Nach der Meinung Rappoport's in Kerem Chemed VII, 199 und Erech Millin S. 193, der auch zugleich die persischen Worte zu erklären sucht, in denen er die Thiernamen Elephant und Löwe als vornehme Bezeichnung für die Beamten finden will. Ich vermuthe in denselben gemeine Schimpfworte, wie heutigen Tages etwa „du Ochs!" in gewissen Klassen gebräuchlich, mit denen damals jene Beamten um sich geworfen haben. — Die Stelle ist auch im Jeruschalmi Gittin I gegen den Schluss mitgetheilt, aber vielfach variirend, wie auch die persischen Ausdrücke fehlen.

[2]) S. Erech Millin Artikel אפטרתא, besonders S. 174.

Ausgabe S. 68 dargelegt habe.¹) Nehardea hat den palästinensischen, Sura den babylonischen Charakter bewahrt.²) Nehardea lag am Nehar - Malka (Kidduschin 70b), an dessen Ufer einst Samuel und Karna sassen und die Ankunft des grossen Mannes, nämlich Rab's, erwarteten (Sabbat 108a). An diesem Ufer kauften einst R. Papa und R. Huna Sesam ein; die für den Transport desselben gemietheten Schiffe konnten ihn aber nicht wegführen, weil der Nehar-Malka unpassirbar geworden war (Gittin 73a). Zum zweiten Male wird die Verstopfung dieses Kanals in Kidduschin 70b erwähnt.³)

Nehardea scheint von Sura eine starke Tagereise entfernt gewesen zu sein (nach Raba in Makkot 5a); nach Binjamin di Tudela⁴) betrug die Entfernung 2 Tagereisen. Aber in der That war von Sura nach Nehardea weiter als von Nehardea nach Sura, weil letzteres tiefer lag; auch waren die Perser zur Zeit des Talmuds wegen ihrer guten Brücken und Strassen berühmt. Man konnte daher zur Zeit Raba's schneller vom Orte kommen, als zur Zeit des mittelalterlichen Reisenden. — Nach dem Aruch s. v. על⁵) betrug die Entfernung mehr als zwanzig Parsa's, in der Nehardea oberhalb Sura's lag (vgl. hiermit Taanit 10a).

Bei so vielen speziellen Angaben, die für Nehardea aus dem Talmud zu gewinnen sind, muss es als auffällig bezeichnet werden, dass nirgend von der Zerstörung Nehardea's die Rede ist, von der aber alte Quellen berichten. Das סדר תנאים ואמוראים ed. Luzzatto S. 5 und Scherira im Sendschreiben S. 32 nennen den Zerstörer פפא בן נצר und setzen die Zerstörung in das Jahr 570 der seleucidischen Aera, demnach in die Zeit, da R. Nachmann als Nachfolger Samuel's fungirte. Von diesem Ben-Nazar ist an einigen Stellen im Talmud und Midrasch die Rede. Seine Identität mit dem römisch - palmyrenischen Provinzialkaiser Odenatus haben Lebrecht⁶) und Cassel, S. 185, erwiesen. Auf diese Quellen sind die Angaben bei Grätz im 4. Band der Geschichte S. 334 und bei B. Goldberg in der Note S. 59 des Sendschreibens von Scherira zurückzuführen.

נהר מלכא der Königsstrom, so vor Jahrtausenden in heimischen und auch in römischen Quellen und ebenso noch heutigen Tages so be-

---

¹) Hierauf bezieht sich die Note 1 auf S. 4.
²) Wahrscheinlich sind auch die Differenzen im Schrifttexte unter dem generellen Namen כוערבאי und כודינהאי speziell auf Nehardea und Sura zu beziehen.
³) Vgl. noch weiter unten s. v. נהר כולכא.
⁴) Vgl. dieses Reisewerk ed. Asher II, Note 255.
⁵) ב' פרסי im Aruch muss nach dem Citat im Juchasin ed. Filipowski S. 124 עשרים פרסי in כ' פרסי emendirt werden.
⁶) Allgemeine Zeitung des Judenthums 1849 No. 40. — Cassel kommt noch einmal näher auf den Ben-Nazer-Odenatus in seiner Schrift: Vom Wege nach Damaskus, S. 14, zurück.

4*

nannt, ist bereits oben S. 51 erwähnt worden.¹) Wie Raba (Gittin 73a) von dem nur zuweilen vorkommenden Umstande spricht, dass dieser Kanal gesperrt und unschiffbar sei, so berichtet auch Ammian (angeführt bei Ritter X, 129), dass der Königs-Kanal, der in der Gegend Seleucia's den Euphrat und Tigris verband, vom Sande, wie zu Trajan's Zeit, gereinigt wurde, was auch Kaiser Julian später wiederholte. — In Baba Mezia 106b und nach Alfasi's Lesart auch in Gittin 73a wird dieser Kanal נהר מלכא סבא genannt. Es ist wohl nicht anzunehmen, dass hier der Zab-Kanal gemeint sei, sondern ein alter Nehar-Malka, und zwar den, den die ältesten Beherrscher Babylonien's hergestellt hatten, indem sie ihn aus dem Euphrat ableiteten und weit gegen Südosten in den Tigris führten. Dieses alte Werk wurde wahrscheinlich von Seleucus Nicator erneuert und erweitert, seiner neuen an demselben angelegten Stadt Seleucia zu Liebe, indem er von ihr einen Seitenkanal geradezu in den Tigris führte. Daher kann Plinius V, 26 sagen, der Armalchar vereinige sich schon bei Seleucia mit dem Tigris.²) Der Ausdruck סבא, den man sonst nur bei Menschen gebraucht (für Sachen dagegen עתיק), kann nicht sehr befremden, da wir eine ähnliche Verwechselung von ישן und זקן bemerken, worüber Näheres in meiner kritischen Ausgabe des Targum Onkelos. So dürfte von einem alten Nehar-Malka im Talmud die Rede sein, der wirklich existirt hat, ohne dass er so in anderen Quellen direkt benannt wird.

נהר פקוד Nehar Pakod, wovon פקוד bereits in der Schrift (Jirmeja 50, 21) als Strafname für Babel. Daher auch als Parallele von R. Natan in jener ironischen Parodie (Jeruschalmi Sanhedrin I, 2) gebraucht: כי מבבל תצא תורה ודבר ה' מנהר פקוד. Von dort wird R. Jakob erwähnt (Chulin 107a). Ganz in der Nähe von Nersch; die Einwohner professionirte Diebe, so dass es zum Sprüchwort geworden: Begleitet dich Einer aus Nehar Pakod, so geschieht es nicht aus Höflichkeit, sondern es ist auf deinen Mantel abgesehen (Chulin 127a). — Neubauer, S. 362, liest ohne Weiteres פקור Pakor und möchte damit das von dem Könige Pocorus gegründete und bei Ptolemäus (Ritter XI, 340) erwähnte Pakora identificiren.

נהוניא Nesunia; die Gelehrten dieser Stadt kamen nicht zum Vortrage R. Chisda's, weil sie mit dessen Lehrweise nicht zufrieden waren, wofür sie aber Stubenarrest erhalten sollten (Kidduschin 25a).

ניהונד in Kidduschin 72a, dafür ניהר in Jebamot 17a als identisch mit המדן (s. oben s. v.), deren Einwohner als illegitime Mischlinge, deren

---

¹) Jâcût (s. Zeitschrift der deutsch-morgenl. Gesellschaft XVIII, 403) spricht von dem bereits in alter Zeit aus dem Euphrat nach dem Tigris hinübergeführten Kanal Nahr-el-Malik. Der König Salomo oder Alexander oder der letzte König der Nabatäer werden als die Erbauer dieses Kanales genannt, an welchem 360 Ortschaften gelegen haben sollen.

²) Näheres bei Mannert, Geographie V², 342 ff.

Abkunft aus den Exilirten der zehn Stämme herzuleiten ist, betrachtet werden. Dies ist die Ansicht des R. Abba b. Cahana, der zugleich das im 2. Buch der Könige 17, 6 erwähnte חלח mit חלוץ übersetzt. Rab dagegen erklärt die Bevölkerung von ניהוונד חלוץ für ganz makellos (בעולה ליוחסין). Dass überall חלוץ zu lesen sei, hat Rappoport in seiner Abhandlung¹) über alle diese Namen (Kerem Chemed V, 209) behauptet und Neubauer, S. 373, nach einer Talmud-Handschrift in Oxford bestätigt, wie auch diese richtige Lesart aus dem Aruch s. v. הדייב hervorgeht. Es ist Cholwan, nach Abulfeda²) fünf Tagereisen nördlich von Bagdad entfernt. Die talmudische Uebersetzung für חלח findet ihre Bestätigung durch Rosenmüller, Alterthümer II, 89 und 120, indem er die verschiedenen Wandlungen in den Namen Chalach, Chalachene und Cholwan näher belegt. — Was nun Nehawend betrifft, so bezeichnet es in Rab's Worten wahrscheinlich die Stadt oder den Bezirk, wohin Cholwan gehört. Bei ניהר in der Parallelstelle ist gewiss noch וונד hinzuzufügen. Neh-ervend wie Nah-wend in der Bedeutung von „Stadt am Wend."³) Vielleicht ist damit das bei Jâcût (Zeitschrift der deutsch-morgenl. Gesellschaft XVIII, 406) erwähnte Gebiet el-Nahrawân gemeint, das sich am linken Ufer des Tigris östlich von Bagdad hinzieht

נינוה Ninweh. Die Einwohner richteten eine Anfrage an R. Jehuda ha-Nasi, an welcher Stelle im Gebete sie, die auch im Tammus des Regens bedürfen, die Bitte של ומטר einzuschalten hätten (Taanit 14b). — Die Hornisse in Ninive ist so gefährlich, dass sie selbst ungereizt und zwar am Sabbat getödtet werden darf⁴) (Sabbat 121b). — Ob das alte biblische Ninive hier gemeint sei, ist sehr zweifelhaft, da es damals längst zerstört war. Auch Binjamin di Tudela erwähnt die Ruinen Niniweh's, in deren Nähe jetzt Dörfer liegen.

נציבין Naçibin, wie es bei Jâcût (loc. cit. 435) genannt wird, an der Karavanenstrasse von Mosul nach Syrien, das Nisibis bei Josephus, Ant. XVIII, 9, 9, wohin sich die flüchtigen Juden wandten, noch heute in den Ruinen unter dem Namen Nisibin (Ritter X, 119) bekannt. Die Stadt war Wohnort des R. Jehuda b. Batera, den bald nach der Zerstörung des zweiten Tempels blühenden Gelehrten (Sanhedrin 32b); seine Reise nach Naçibin wird im Midrasch der Klagelieder 3, 17 erzählt. Vgl. ferner, was von R. Jehuda in Naçibin mitgetheilt wird: Pessachim

---

¹) Vgl. auch die Erklärung der anderen Namen in dieser klassischen Abhandlung; betreffs הדייב = הדייב vgl. noch Brüll, Jahrbücher I in der mit besonderer Gründlichkeit gearbeiteten Abhandlung „Adiabene."

²) S. bei Neubauer, S. 373.

³) S. Neubauer, S. 377 nach Pott in der Zeitschrift M. Kuhn's VI, 255.

⁴) Vgl. Lewysohn. Zoologie des Talmud, S. 304.

3b; Sifre Abschnitt ראה; Tosefta Jebamot XII und Ketubot V [1]); Jebamot 102a und Jeruschalmi Jebamot XII, 1. — R. Simlai hielt Vortrag in Naçibin (Aboda Sara 36a, vgl. hierzu Jeruschalmi Aboda Sara II, 8). Zur Zeit Binjamin di Tudela's existirte in Naçibin noch eine Gemeinde von 1000 Juden.

נרש Neresch, am Kanal, über den eine Brücke führt (Baba Mezia 93b); der Marktplatz auf einem Abhange, in der Nähe die Flecken ורדוניא und בי באדי, s. oben S 26; mit בי בירי durch Treppen verbunden (Erubin 56a), nahe an Paphunia und Machusa (Baba Kamma 115a), nahe an Nehar Pakud und parallel ihm laufend (Ketubot 27b).

Die Einwohner von Neresch waren verschriene Diebe, so dass ein Sprüchwort ging: Hat dich Einer aus Neresch geküsst, dann zähle deine Zähne, ob er dir einen davon gestohlen habe. S. oben S. 39 die Geschichte eines Diebstahls in Neresch. Als besonderes Unrecht erklärte Raba das Verfahren der Hausbesitzer in Neresch, welche den Armen auf deren Felder Geld liehen und dann ihnen dieselben Felder für so und so viel Malter des Jahres verpachteten[2]) (Baba Mezia 68a). Man fabricirte dort starke Filze (Joma 69a). Von dort waren: R. Gidel b. Menasche (Pessachim 107a); R. Adda (Sabbat 60a und 140a), vielleicht derselbe ר' אידי in Nidda 67b, der in Neresch den Frauen gestattete, am Tage das Tauchbad zu nehmen, weil in der Abendzeit אריותא,[3]) d. h. Löwen zu fürchten waren. — Scherira im Sendschreiben bezeichnet Neresch als benachbart von Sura; Neubauer, S. 365, glaubt den Namen von Nahras, dem bei Ritter X, 191 erwähnten Kanal herzuleiten.[4])

סבתא, wohin R. Jirmeja einmal kam (Aboda Sara 58b).

סכותא an einem Kanal, dessen Schleusen am Halbfesttage zu öffnen R. Jirmeja gestattete (Moed Katan 4b); vielleicht ist hiernach סבתא in לכתא zu verbessern.

סניא (נהר), über 4 Ellen breit; Abbaja an dem einen Ufer, R. Mescharschja und andere Gelehrte an andern Ufer (Kiddeschin 33a); also wahrscheinlich bei Pumbedita.

סורא Sura, die bedeutende Gelehrtenstadt, über die bereits oben S. 45 bei Mata Mechasja und S. 48 bei Nehardea Verschiedenes mitgetheilt worden ist. Die behauptete Identität mit Mata Mechasja kann selbst trotz der zwei Fälle, in denen Sura und Mata Mechasja entgegengestellt

---

[1]) Diese Stelle ist bei Zuckermandel, Supplement zur Tosefta S. XLIV nachzutragen.

[2]) Das Formular zu solchem Leih- und Pachtvertrage wird hierbei mitgetheilt.

[3]) Lewysohn, Zoologie des Talmud, S. 98, glaubt אריותא in der anderen Bedeutung, nämlich „Flussströmung" aufzufassen; Neresch lag am Abhange eines Berges, wo die Flüsse gewöhnlich starkströmend sind und das Wasser in der Regel einen Fall bildet, daher das Baden zur Nachtzeit besonders gefährlich gewesen sein mag.

[4]) Vgl. noch andere Ableitungen bei Cassel, S. 185 Note 15.

werden, aufrecht erhalten bleiben.¹) Man braucht nicht einmal hierbei anzunehmen, dass das andere Sura gemeint sei. Denn in Baba Mezia 67b wird gesagt, dass משכנתא דסורא bei einem Pfandschein in Sura erklärt wurde: Nach Verlauf von diesen Jahren geht dieses Stück Land ohne Geldzahlung wieder an den Eigenthümer zurück — und ebenda 68a die Gelehrten von Mata Mechasja erklären, was משכנתא heisse und dass ein Pfand, bei dessen Hinterlegung keine Zeit bestimmt war, gewöhnlich auf ein Jahr gegeben ist. Aber von משכנתא דמתא מכסיא im Gegensatz zu משכנתא דסורא ist nirgends die Rede. Auch die Stelle in Beza 29a spricht nicht dagegen²): Man habe in Sura ein Stück Fleisch von gewissem Gewicht mit dem Ausdrucke תרטא, in Neresch mit הלקא, in Pumbedita mit אוזיא, in Nehar Pakud und in Mata Mechasja mit רבעא bezeichnet. Denn es konnte doch vorkommen, dass man in der grossen Stadt Sura diesen Ausdruck und in der kleineren Gelehrtenstadt jenen Ausdruck dafür hatte.

Es ist im Talmud von zwei verschiedenen Städten mit dem gleichen Namen Sura die Rede. Die Existenz solcher zwei gleichnamigen Städte ist auch auf der Karte zu erkennen und wird durch die bei Ritter X, 205 und 267 angeführten alten Geographen näher bestätigt. Das eine Sura erscheint im Talmud ohne weitere Bezeichnung (nach Raschi סורא סתם), das andere mit einem Zusatz und zwar סורא דפרת.

Das eine Sura, der Sitz der berühmten Hochschule, welche Rab gegründet und geleitet hat,³) lag nicht am Meere, wie man aus Erubin 8a schliessen könnte, da in der Stelle שמא יעלה הים שרטון nach handschriftlichen Quellen bei Lebrecht⁴) und bei Rabbinowitsch in Dikduke Soferim das Wörtchen הים zu streichen ist. Es lag aber an einem langen Landsee gleichen Namens,⁵) am See Essuria, den Colonel Chesney am Westufer des Euphrat fand.⁶) — Ueber die Entfernung von Nehardea sind bereits oben S. 51 Mittheilungen gemacht worden.⁷) Nachzutragen wäre, dass Binjamin di Tudela es als 1½ Tagereisen von Kufa entfernt angiebt. Dass es westlich von Pumbedita lag, lässt sich aus Sabbat 60b unten folgern. Dass Sura weit von Nehardea war, geht schon aus der Mission und der Entdeckung Rab's hervor, dass nämlich den Juden dort so oft

---

¹) Gegen Neubauer, S. 344 Note 5.
²) Gegen Grätz in der Monatsschrift 1853, S. 197.
³) Welche Gründe Mühlfelder in seiner Schrift: Rabh, S. 13 hat zu behaupten „diese Stadt Cura lag am Euphrat" ist mir unbekannt.
⁴) In der Schrift: Kritische Lese zum Talmud, S. 17.
⁵) Daher auch Sukka 26a רקתא דסורא.
⁶) S. Näheres bei Ritter X, 267.
⁷) Die dort mitgetheilte Lesart טפי כ"כ פרסי findet sich auch bei Jachia im שט"ק und bei Heilprin im סה"ד.

die von Palästina her überkommenen Satzungen fremd geworden waren, während Nehardea in lebhaftem und ununterbrochenem Verkehr mit Palästina geblieben war. Wie die Suraner auch in anderen Beziehungen, für die heilige Schrift und das Targum nämlich, mit palästinensischen Traditionen differirten, ist bereits bei Nehardea (oben S. 50) besprochen worden. Hier wäre nur hinzuzufügen, dass sie den Ruf genossen, die Worte der Schrift genau zu nehmen (Gittin 31b).

Von Gelehrten in Sura sind ausser Rab zu nennen: R. Chisda, vor den der Fall wegen כחל (Euter-) Genusses kam, der in Pumbedita gestattet, in Sura aber verboten war (Chulin 110a); die Gelehrten von Sura, welche namentlich R. Huna und R. Chisda waren (Sanhedrin 17b); R. Chanina (Ketubot 63b); R. Jehuda (Baba Batra 89a) und noch Andere.

Von dem Reichthum, der Wohlthätigkeit und Sorgfalt R. Huna's wird Interessantes in Taanit 20b erzählt; in gleicher Weise von R. Chana b. Chanilai (Berachot 58b und Megilla 27a).

Die Einwohner von Sura, welche erst am Markttage Geld erhielten, zahlten auch erst an solchem Tage das Arbeitslohn aus, was allerdings nicht als gegen das Verbot לא תלין (Leviticus 19, 13), aber als gegen לא תאחר (Deut. 23, 22) gehalten wurde. — Rohrbinsen wurden in Sura bundweise auf dem Markte zu Verkauf gestellt.

Dass in Sura keine Christen wohnten, wie man aus Berachot 12a zu folgern glaubt, ist bereits oben S. 49 bei Nehardea erörtert worden.

Das andere Sura, am Euphrat, wird fast nur in Verbindung mit Rabina erwähnt; daher auch Rabina von dem lehmigen Ufer des Euphrat sprechen konnte (Beza 32b).

Von סורא דפרת war הביבא 'ר, der so oft Rabina dahin kam, sich mit ihm über Religionsgesetzliches unterhielt (Moed Katan 20a und 24b; Baba Mezia 106b und 61b). Dass auch an der letzterwähnten Stelle חביבא statt חנינא zu lesen sei, hat R. Jesaja Berlin bereits vermuthet und Rabbinowitsch in Dikduke Soferim aus handschriftlichen Quellen bestätigt.

סיכרא Sichra, nahe bei Machusa, wie aus Chulin 94b hervorzugehen scheint; oberhalb Sura, denn Ketubot 100b (vgl. dort die Lesart bei Alfasi) führt Rabina den Wein hinauf nach Sichra. R. Chaja b. Joseph stellte dort die Entschädigungen für Verluste fest, die beim Transport vermittelst einer Tragbahre oder vermittelst einer Gabel entstanden (Baba Mezia 83a). — Eine Schiffsladung mit einer Spezies von Häringen kam nach Sichra, deren Schuppen R. Huna b. Chinna untersuchte, um sie als zum Genuss erlaubt zu erklären. Wie in Nidda 36a שמן מסיכרא 'ר, so muss auch in Chulin 18b statt מסוברא gelesen werden.

סלוג (הרי). Nach R. Chanina in Sanhedrin 94a das Gebirge, wohin die zehn Stämme weggeführt wurden, aber nach handschriftlichen Quellen in Dikduke Soferim ist dafür פלג oder שלג zu lesen.

סקסנא, als Beinamen für מניטין in Nidda 65a, vielleicht Sakasenc in Armenien bei Mannert V², 219.

עבר ימינא, nach Raschi eine Gegend des südlichen Euphrats, was einer wörtlichen Uebersetzung gleichkäme. Abbaji (Erubin 19a) rühmt die herrlichen Früchte dort, während Raba die von Harpania besonders hervorhebt. An den drei anderen Stellen, wo Eber Jamina erwähnt wird, ist es nur Raba, der davon spricht (Berachot 54; Joma 77b; Baba Batra 40b). Es scheint demnach in der Nähe von Machusa zu sein. Wiesner, Scholien I, 119 vermuthet Jamin am Euphrat unterhalb Kufa, dessen Umgegend sich durch die Fruchtbarkeit des Bodens überhaupt und durch ihre Dattelgärten insbesondere auszeichnet. Weniger annehmbar ist's, mit עבר an Abaras, der bei Ammian den Chabur bezeichnet, zu denken und das rechte Ufer des Chaboras zu verstehen.

עיברא זעירא דכותי, der kleine Uebergang über den Euphrat bei Cuta wird von R. Chisda für Ur-Casdim gehalten (Baba Batra 91a).

פומבדיתא Pumbedita, nächst Nehardea und Sura der bedeutendste Sitz für die jüdische Lehre, war schon zur Zeit Rab's eine Gemeinde mit Schule (Sabbat 110a). Den Namen leitet man von einem Kanal בדיתא her, an dessen Mündung (פום) die Stadt lag; daher auch bei Scherira der Name gemäss seiner Zusammensetzung getheilt geschrieben wird. Die Worte בהאי גיסא in Sabbat 110a zeigen auch von der Lage am Kanal. — Pumbedita gehörte zur Jurisdiction Nehardea's, in dessen Nähe es war (Kidduschin 70a und b). Auch unweit בי כובי war es (Gittin 4a), wie auch unweit der oben S. 23 angegebenen Städte. — Nach Binjamin di Tudela hiess die Stadt zu seiner Zeit אלגובר und zählte fast 3000 Juden.

Die Einwohner Pumbedita's geniessen im Talmud keinen guten Ruf; Rabba predigte ihnen oft Moral, wodurch er sich aber Alle zu Feinden machte (Sabbat 153a). Ein Sprüchwort sagte (Chulin 127a): Begleitet dich Jemand aus Pumbedita, so ändere deine Herberge, (damit er sie nicht erfahre). Von ihren Betrügereien erzählt Abbaje dem Raba in Baba Batra 46a. „Wie ein Betrüger aus Pumbedita" war zum geflügelten Worte geworden (Ketubot 82a). Auch ihre Aufschneidereien führten zur stehenden Redensart: „Vielleicht bist du aus Pumbedita, die einen Elephanten²) durch ein Nadelöhr gehen lassen?" (Baba Mezia 38b). Es ist nicht zu verwundern, dass man einer Bevölkerung mit solcher Unmoral möglichst aus dem Wege ging und daher zur Norm wählte: Besser auf dem Müll-

---

¹) Moer Katan 11a, wo aber Alfasi und Aruch s. v. לבאי פומבדיתא für בדיתא lesen.

²) Dass פילא Elephant und nicht Ankertau zu übersetzen sei, geht aus den neutestamentlichen Stellen „eher wird ein Kameel durch's Nadelöhr gehen" hervor, wie bereits Sachs, Beiträge II, 6 darauf hingewiesen hat. — Das Sprüchwort wird am bezeichneten Orte selbst für einen anderen Fall gebraucht, nämlich um einen Dialektiker zurückzuweisen.

haufen[1]) in Mata Mechasja (zu wohnen), als im Palaste zu Pumbedita (Horajot 12a).

פום נהרא, eine Stadt in der Gegend, wo Abbaji und Raba lebten, in den Euphratländern, mit einem freien Platze, der von einer Seite an die Stadt, von der anderen an einen Weg zu den Gärten, die an's Ufer führten, stiess (Erubin 24b). R. Cahana II. lebte dort (Sota 46b), zu dem R. Nachmann mehrmals kam (Chulin 95b). Man hört vom Wollmarkt daselbst (Baba Batra 22a), vom Handel mit Melonen (ebenda 88). פסונא, auch פסוניא, wo R. Acha b. Jacob (Baba Batra 16a) und R. Matna (Pessachim 42a) lehrten. Zur Ergänzung der Geschichte vom Diebstahl oben S. 39 sei bemerkt, dass auch die Leute von Paphunia verschriene Diebe waren, weshalb man dort den Frauen gestattete, am Tage das Tauchbad zu nehmen, weil sie Abends vor den herumschleichenden Dieben nicht sicher waren (Nidda 67b). R. Papa hatte ein neues Maass[2]) erdacht, welches nicht in Pumbedita, wohl aber in Paphunia zur Einführung gelangte. — Neubauer, S. 360, hält die Stadt für Epiphania am Euphrat, auch Arcesicerta genannt.

נהר פניא, s. s. v. הרבניא, reiches Frucht- und Weideland. Gneba befahl vor seiner Hinrichtung, vom Weinertrage 400 Sus an Rabina zu zahlen (Gittin 65b). Der Sohn des Mar Samuel bestimmte in seinem Testamente, vom Getreideertrage 12000 Sus an Raba zu zahlen.

פרוקיא, Wohn- oder Geburtsort eines Raba, der Zeit- und Studiengenosse R. Aschi's war (Sota 26b; in Baba Kamma 36a פרוזקא),[3]) ist vielleicht Porsica, eine Stadt in Mesopotamien, am Euphrat zwischen Samosata und Zeugma, bei Ptolemäus nach Ritter X, 923 und 987 erwähnt.

פרהטיא, von dort R. Nachmann, zur Zeit R. Aschi's (Kidduschin 81a); an Parthien ist nicht zu denken.

פרשוניא und פשרוניא variiren nach handschriftlichen Quellen in Pessachim 91a (wo ebenfalls חיננא בר איקא ר' nach Dikduke Soferim), in Erubin 104a und an anderen Stellen, in denen ר' איקא oder (sein Vater) ר' חיננא בריה דרבא angeführt werden, war wahrscheinlich in der Nähe Machusa's.

פרת Euphrat, der Herrscher unter allen Strömen,[4]) dessen Bette immer mehr sich erweitert, bis er schiffbar wird,[5]) dessen Gewässer frucht-

---

[1]) Vgl. noch Lebrecht: Kritische Lese, S. 23.
[2]) Näheres über dasselbe s. bei Zuckermann: Das jüdische Maasssystem, S. 39.
[3]) Daher פרקין Jebamot 59b, wo wieder Raba und R. Aschi, in פרוקיא zu emendiren; ebenso ist Nasir 38b mit demselben Ortsnamen, aber רביא und R. Aschi offenbar dafür רבא zu setzen, wie in Baba Batra 4b; Sebachim 108a; Temura 30a.
[4]) Bereschit Rabba, Sect. XVI.
[5]) Ibid., wo für פרת Etymologien gesucht werden. Bei A. Wünsche in der Uebersetzung dieses Midrasch S. 71 ist hiernach „weil er die Fruchtbarkeit derart befördert, dass man mit Schiffen darauf fahren kann" zu verbessern.

erzeugend sind, der geräuschlos dahinfliesst, aber auf seine Werke hinweisen kann, die er vollführt, und die von ihm Kunde geben.[1] „Legt man eine Pflanzung in mir an, so wächst sie schon nach 30 Tagen,[2] sät man etwas Grünes in mich, so keimt es schon nach 3 Tagen." Die Fruchtbarkeit Babylonien's dem Euphrat, und nicht dem Tigris, zuzuschreiben, hiermit stimmt auch, was Arrian (bei Ritter X, 33) sagt „der Euphrat fliesse dagegen auf einem höhern Landboden, aber seine Wasserfläche stehe dem Uferrande gleich und übersteige mit seinen Wassern auch zuweilen das von ihm bespülte Land u. s. w., um das dürre Land, dem so selten Regengüsse zu Theil werden, zu befruchten." Auch die talmudische Angabe (Bechorot 55a), dass die andern drei Ströme des Garten Eden (Gen. 2, 11) niedriger als der Euphrat seien, findet zum Theil seine Bestätigung, wiederum durch Arrian (Ritter X, 31), „der Tigris nehme von den beiden das mesopotamische Gebiet umgrenzenden grossen Landströmen eine absolut niedrigere Stelle ein als der Euphrat." Von Wasserfällen des Euphrat scheint der Talmud in Sukka 53b mit dem Ausdruck סולמא דפרת zu sprechen. — Das Wasser ist trüb und übelriechend, im Gegensatz zum Schiloach, der ein klares und süsses Wasser giebt (Einleitung zum Midrasch der Klagelieder).

Wer den Euphrat von der Brücke bei Babel aus erblickt, heisst's in Berachot 59b, habe das Gebet ברוך עושה בראשית zu sprechen. Der Euphrat wurde, wie Ritter X, 8 des Näheren darthut, schon so frühzeitig durch die Kunst umgewandelt, dass wir von seinem ersten Naturzustande gar keine Anschauung erhalten haben. Daher nach dem Ausspruche des Talmuds, erst von dort aus, wo die Eindämmung des Stromes nicht mehr möglich oder unnöthig gewesen, der natürliche Lauf wieder so eintrete, um zu jener Gebetsformel zu berechtigen. Nach R. Jizchak wäre dies von der Stadt Babel aus.[3] Vielleicht liegt dieser lokalen Bestimmung die Angabe der Alten zu Grunde, dass der Euphrat ursprünglich einen eigenen Ausfluss in das Meer gehabt habe, was man auf den von Babel nach Toredan auf der Westseite des Euphrat ziehenden alten Kanal, der Pallacopas oder Sares hiess und das ursprüngliche Flussbett

---

[1]) Zugleich als Moral, dass nur im geräuschlosen Wirken der wahre Werth des Menschen liege.

[2]) Im Sifre Abschnitt Debarim, Sect. I „drei" statt dreissig, wie im zweiten Theile des Satzes.

[3]) Cassel, S. 179, will „Babel" hier als das Land gleichen Namens verstehen und das Zeugma als die Brücke Babylonien's hier finden. Was er dort und S. 180[2] hiervon sagt, entbehrt jeder soliden Grundlage. Ebenso paradox klingt S. 182[2] oben „dass Babel (Kidduschin 72a) von גיטין her nur bis zum letzten Schiffe der Brücke reiche!" Also לעניין גיטין „von Gittin her!"

gewesen sein soll, beziehen will.¹) Nachdem aber die Perser die Brücke höher gelegt haben, so sei es jetzt כי שבור, nach R. Joseph איהי דקירא. Die ersterwähnte Stadt ist die auch unter dem Namen Firiz Sabor, Pheruz Sapor, Peruz Sciabbur²) bekannte, von dem Sassanidenkönig gegen die Römer angelegte Grenzfeste, am Zusammenflusse des Nahr-Isa-Kanals mit dem Euphrat. Den Amoräern, die nach den von den Persern bewirkten Veränderungen existirten, erblickten daher an anderen Orten den Wiederbeginn des natürlichen Euphratlaufes.

צינתא דבבל, die Palmenwälder Babylon's, wohin R. Cahana den R. Simi b. Aschi begleitete mit den Worten „Diese Palmenwälder halten die Menschen gewiss für die Urwälder aus Adam's Zeiten her." Amianus XXIV, 2 und Zosimus III, 2 erwähnen diese ungeheuren Palmenwälder, welche sich bis nach Mesene hin erstrecken. Dort öffneten auch die Parther die zahlreichen Wasserläufe, um Julianus in seinem Vordringen aufzuhalten. Daher werden auch Sanhedrin 96b gewisse Flüsse Babylon's ציינתא דבבל genannt.

ציקוניא, an einer Karavanenstrasse, auf der wandernde Araber mit jüdischen Schlächtern ein Abkommen treffen, zur Zeit R. Joseph's (Chulin 39b), vielleicht Zekia am unteren Tigris, wo Araber vom ächten Ismaelsschlage noch heute hausen (Ritter XI, 948).

ציתא (בר), dessen Einwohner R. Jehuda gestattete, am Mittelfeste verschüttete Gräben wieder aufzugraben (Moed Katan 4b), wahrscheinlich Zaitha bei Amianus, Zautha bei Zosimus, auf der Ostseite des Tigris,³) von den Persern Abu-Zatha genannt.⁴)

קורקוניא (Aboda Sara 16b), kann nicht Kerkuna im Lande der Kurden sein, denn der Erzähler dort ist R. Sera, der sich auf der Reise befand: Als ich bei R. Jehuda war, also in Pumbedita; als ich in Kurkunia war, traf ich R. Chaja b. Aschi, als ich nach Sura kam u. s. w., als ich nach dort (Palästina) hinaufzog u. s. w. Es sind hier die Stationen zu erkennen, welche R. Sera bei seiner Reise nach dem heiligen Lande zurücklegt. Aehnlich Sabbat 60b: „Als R. Chaja von Pumbedita nach Sura kam," wozu Raschi bemerkt: nämlich auf seiner Reise von Babylon nach Palästina. Vielleicht gehört auch קקיצא⁵) hierher (Erubin 60a), dessen Einwohner von R. Joseph (in Pumbedita) einen Mann verlangten, der bei ihnen den Erub einrichte, worauf er ihnen den Abbaji sandte.

---

¹) S. Riehm, Handwörterbuch des biblischen Alterhums, Artikel Euphrat.
²) Sipphara bei Ptolemäus, heute Anbar.
³) Mannert, I. c. V², 319.
⁴) Ritter, I. c. X, 156.
⁵) So oder קוקניא muss dort nach handschriftlichen Quellen und dem Chananel-Commentar für קקנאי in unseren Ausgaben gelesen werden.

קטיספון, auch אקטיספון¹) Ktesiphon s. ארדשיר. Hier wäre nur noch hinzuzufügen, dass in Joma 10a die in Gen. 10, 2 erwähnten babylonischen und assyrischen Städtenamen durch derzeitig bekannte erklärt werden: רחובות עיר זו פרת דמישן כלח זו פרת דבורסיף רסן זה אקטיספון. Dass פרת דבורסיף mit פרת דבורסי in Kidduschin 72b identisch ist, unterliegt keinem Zweifel, da sowohl בורסי und בורסיף, als auch Buri und Bursypp in den betreffenden Quellen wechseln. Die Fragen, die bei Grätz, das Königreich Mesene S. 39 dagegen aufgestellt werden, sind durchaus nicht stichhaltig. Dass die Frage im Talmud „was ist Chabil - Jamma" überflüssig sein müsse, weil wie Bursypp, so auch Chabil-Jamma den Talmudisten hätte bekannt sein müssen — hierauf ist wohl jede Antwort überflüssig. „Wozu noch der Zusatz פרת bei כבורסיף?" Weil es nicht diese Stadt selbst, sondern den ganzen Umkreis des dort fliessenden Euphrat bezeichnen sollte, in welchem verschiedene Ortschaften nahe bei einander lagen, denen die biblische Bezeichnung כלח zugelegt wurde. Daher auch der Seekreis genannt, s. oben s. v. חביל ימא. Damit löst sich auch der Widerspruch, dass כלח dasselbe sein soll wie Bursypp, während vorausgehend gesagt wird בבל כמשמעו, da Bursypp und Babel identisch seien. Wie bereits behauptet, wird mit כלח nicht בורסיף selbst, sondern פרת דבורסיף oder דבורסי übersetzt. Daher braucht man nicht Letzteres als verschrieben statt פרת דאספסנא zu halten und es in Charakene oder Charax Spasinu am persischen Meerbusen zu suchen. Was nun die Bezeichnung אקטיספון für רסן betrifft, so wird man daran denken müssen, dass es Ortschaften dieses Namens in den semitischen Ländern Hunderte giebt und mag es auch bei Ktesiphon mehrere gegeben haben. Uebrigens wird auch אקטיספון einen ganzen Bezirk bezeichnet haben, wie noch Jácût berichtet, dass die alte Hauptstadt der Sassaniden Tasfûnag oder Teisifûn²) (Ktesiphon) von den Arabern el-Madâïn d. i. die Städte genannt, weil darunter sieben nahe bei einander gelegene Ortschaften verstanden wurden.³)

Rappoport Erech Millin S. 188 bemängelt die talmudische Uebertragung, weil Ktesiphon zu weit von Ninive sei, während sie nach der in Rede stehenden Schriftstelle nahe neben einander zu sein scheinen. Rappoport möchte daher dem palästinensischen Targum und dem Midrasch in Bereschit Rabba⁴) den Vorzug geben, wonach כלנה (Gen. 10, 10) mit

---

¹) Die alten Tosefot zu Joma 10a wollen קטיספון und אקטיספון für zwei verschiedene Bezeichnungen gelten lassen, allein Rappoport Erech Millin S. 188 hat dies bereits als unbegründet zurückgewiesen.

²) Daher auch תוספאה als Beinamen für Rabba in Berachot 5Ca; Moed Katan 4; Sabbat 95; Sukka 32; Sebachim 81b. Ebenso קתוספאה als Beinamen für Rabba b. Chaja in Baba Batra 93b und für R Chaja in Beza 38b.

³) Unter den persischen Namen, die genannt werden, ist Beh Ardeschir allein bekannt; vgl. oben S. 24.

⁴) Uebereinstimmend mit anderen alten Uebersetzern, s. bei Dillmann: Die Genesis z. St.

Ktesiphon zu übersetzen sei, was mit dem ursprünglichen Chalane bei den Syrern und Chalonitis bei Plinius zusammenhänge. Für כלנה hat aber der Talmud (Joma 10a) נופר נינפי, wofür nach handschriftlichen Quellen (s. bei Rabbinowitsch) nur ניפר allein, ohne נינפי, womit buchstäblich Rawlinson übereinstimmt, der Kalneh mit dem heutigen Niffer identificirt.[1]

איהי דקירא,[2] ein Ort im Oberlaufe des Euphrat (Kidduschin 72a), wo nach R. Joseph (Berachot 59b) der natürliche Lauf dieses Stromes, uneingeschränkt von Menschenhänden wieder beginnt,[3] nachdem er bis dahin von den Persern geändert worden ist (vgl. oben S. 59), wo Stromschnellen und Cataracte und sonstige wilde Wassergewalt den so mächtig gewordenen Strom gefährlich machen.[4]

Die Einwohner gehörten zu der Kategorie der Familien, denen der Makel der Illegitimität anhaftete.

Rappoport, Erech Millin, hat in dem lichtvoll geschriebenen Artikel איהי דקירא S. 33 nachgewiesen, dass der Ort seinen Namen von den vielen Asphaltquellen, welche sich in jener Gegend finden, hat, wie auch der Syrer חמר in Gen. 14, 10 mit קירא wiedergiebt. Hiermit ist der Ortsname mit Idikara bei Ptolemäus, mit Diakara bei Amianus und mit dem heutigen Hit[5] identisch.

קמחוניא, wo man starke Stricke fertigte (Ketubot 67a) und damit einen bedeutenden Handel trieb. Rab hielt dort einmal öffentlichen Vortrag (Kidduschin 25b). Wiesner und Neubauer, 397 wollen es mit Gamach im oberen Armenien identificiren.

קרקסיון Circesium, wird im Midrasch zu den Klageliedern 1, 18 für das biblische Karkemisch am Euphrat (2. Chronik 35, 20) erwähnt; ein fester Platz am Einflusse des Chaboras in den Euphrat, s. Schrader in Riehm's Handwörterbuch s. v. Carchemisch.

קשתא, ein Ort, aus dem R. Chaja eine Frage in Betreff eines Besitz- und Wohnungsrechtes zur Entscheidung vorgelegt wurde (Babba Batra 41b).

רודיא, wo man Säcke fertigte und einen bedeutenden Handel damit trieb (Ketubot 67a).

---

[1] S. Schrader: Die Keilinschriften, S. 19 Note 2, wo zugleich im Gegensatz hiervon Niffer mit dem ebenfalls mit den Inschriften gefundenen Namen einer babylonischen Stadt Nipur zusammengestellt wird. Cassel, S. 183 weist auf Nefer in Armenien hin.

[2] Dass auch in Baba Batra 24a für האי דקרא zu lesen ist, so Kohut, Aruch s. v.

[3] Hiermit sind Chesney's Angaben bei Ritter X, 753 zu vergleichen.

[4] עקולי ופישורי in Baba Batra 24a (vgl. Raschi dazu) und נהרא דנהרא הריפותא. Unser berühmte Stratege Moltke hatte wohl keine Ahnung davon, dass bereits im Talmud von jenen Hindernissen im Euphratstrome an jenen Orten die Rede ist, was er so schön und eingehend in seinen Briefen, auszüglich bei Ritter X, 826 ff., schildert.

[5] Vgl. Rappoport a. a. O. auch in Betreff der Uebereinstimmung von Is bei Herodot mit איהי und Hit.

שביסתנא‎, wo der Tigris seinen natürlichen Lauf nimmt, keine künstliche Eindämmung ihn hierin beschränkt und man daher den vorgeschriebenen Segensspruch (s. oben S. 59) zu verrichten hat (Berachot 59b). Vor Raba wurde einmal die Angelegenheit einer Frau gebracht, deren Mann im Tigris ertrunken war und dessen Leiche an der Brücke von שביסתנא‎ gefunden wurde. Demnach scheint die Stadt in der Gegend von Machusa gewesen zu sein (Jebamot 121a).

שוירי‎ Schafire[1]) am Flusse R'chesz, im Gerichthause R. Huna's fand man einmal einen Scheidebrief mit diesem Ortsdatum, welcher einem der Besucher verloren gegangen war und den R. Huna als ungültig erklärte, falls sich der Aussteller melden sollte, da zwei solche gleichnamige Städte existiren könnten (Baba Mezia 18a).

שום טמיא‎, in handschriftlichen Quellen bei Rabbinowitsch שוטטי‎, auch שיטטיה‎ und שטטיה‎, Sitz des R. Jirmeja b. Adda z. Zeit R. Nachmann's (Baba Batra 153a).

שילי‎, ganz nahe an היני‎, wohin sich R. Huna auf einem Tragsessel tragen liess (Beza 25b), ist vielleicht mit שלהי‎ bei Scherira im Sendschreiben S. 33 identisch, wo R. Nachman wohnte. — Ein Fluss שילהי‎ bei dem Orte בי חרמך‎ und in der Nähe des Kanals שמותא‎ in Gittin 60b. Zu Hini oben S. 33 ist zu ergänzen, dass dieser Name bei Jâcût (S. 437) als ein Ort am Tigris jenseits der Berge von Naçibin vorkommt.

שלניא‎ R. Aschi besass daselbst einen Wald (Moed Katan 14b).

שוט מישוט‎ (Kiduschin 72a) Samosata, womit die Variationen[2]) in diesem Ortsnamen vermehrt werden können: Samisat bei Ebn Haukal, Samosate bei Edrisi, Samosdia der Armenier, Shamshad der Syrer, Shamishat bei Bar Hebr., daher Shamshat bei Abulfede, Sumaisat der Araber, Simisat des türkischen Geographen, Samosat oder Samsat der Europäer. Hierzu kommen noch die Varianten in der talmudischen Bezeichnung שוט כשיש‎ und שוש מישוט‎ in Cod. Rom, die mich in der Vermuthung bestärken, dass die ursprüngliche Lesart im Talmud (Kiduschin 72a) שומסשוש‎, also Sommesot gelautet habe, indem begreiflicher Weise das zweite ס‎ in einen andern ähnlichen Buchstaben überging.

Die Stadt wird einmal im Talmud erwähnt und zwar bei den vielfach besprochenen Grenzbestimmungen in Kiduschin 72a, wo erzählt wird, es habe sich Jemand gemeldet, dass er aus Samosata sei. Da sei R. Jischak der Schmied mit den Worten aufgetreten: Samosata befinde sich (noch in dem Gebiete) zwischen den beiden Strömen. Dies wäre, heisst es weiter, von besonderem Belang, da dieses Gebiet der Golah gleichgestellt sei, wo die makellose Abstammung constatirt sei. Auf die weitere

---

[1]) So ist im Cod. Rom (s. Dikduke Soferim z. St.) punktirt: שַׁוִירֵי כותא דעל רכים‎

[2]) Bei Ritter X, 925.

— 64 —

Frage nach näherer Bezeichnung der Lage Samosata's wird dann von R. Jochanan geantwortet: es liege oberhalb איהי דקירא. Hierauf wird eingewendet, dass ja R. Jochanan selbst das Gebiet, innerhalb dessen die erhaltene Reinheit in der Abstammung gelte, nur bis zum Zeugma (s. oben S. 20) bezeichnet habe. Da trat Abbaja mit dem Ausgleiche auf: רצועה נפקא, d. h. es werde eine Diagonale vom Zeugma aus gezogen, welche sich bis oberhalb איהי דקירא einschliesslich dieser Stadt hin erstrecke, Samosata aber liege nicht mehr innerhalb dieser Diagonale, das sie dort mit dem Euphrat abschneide. Nach Ritter X, 926 giebt Plinius die Entfernung Zeugma's von Samosata auf 14½ geographische Meilen unterhalb an — und so viel dürfte die im Talmud angegebene Diagonale betragen haben. Dass man sich in diesen talmudischen Angaben nur orientiren kann, wenn man den oben nordwestlich belegenen Winkel auf der Karte näher in's Auge fasst, unterliegt keinem Zweifel. Nur Eins spricht dagegen: Die Lage von איהי דקירא, wie wir sie nach der liebgewordenen Ansicht Rappoport's acceptirt haben, nämlich dass es mit dem heutigen Hit identisch sei, das aber für unsere Zeichnung zu tief liegt. Ich unterlasse es, hier Hypothesen aufzustellen, als Versuche, die Schwierigkeit zu lösen; vielleicht werden die gegenwärtigen Ausgrabungen[1]) bei Samosata auch Manches zu Tage fördern, wodurch die ehemalige Lage dieser Ortschaften sicherer festgestellt werden könnte.

Der Einwand Hirschensohn's,[2]) dass nämlich בין הנהרות auf das schmale Gebiet zu beschränken sei, welches da liegt, wo die beiden Ströme sich nähern und vereinigen, daher hier im Talmud von oben im Norden nicht die Rede sein könne, ist ganz grundlos, da mit בין הנהרות manchmal das eigentliche Babylon, manchmal Mesopotamien bezeichnet wird (Ber. Rabba Sect. 44), wie auch Damaskus als im Gebiete בין הנהרות liegend genannt wird, in Erubin 19a, wo die malerische Gegend als der Eingang zum Paradiese bezeichnet wird, wie es auch nach den Arabern zu den vier Paradiesen des Morgenlandes gehört.

שכנציב Schechanzib, war Wohnort des R. Adda b. Abin[3]) (Jebamot 37b). R. Jehuda ha-Nasi soll unter den vier[4]) Verordnungen für seinen Sohn auch empfohlen haben: Wohne nicht in Schechanzib, weil seine Bewohner Spötter sind, die dich sehr leicht zu ihren Spöttereien

---

[1]) Unter der Leitung Humann's, worüber in der Sitzung der Archäologischen Gesellschaft zu Berlin vom 6. November 1883 berichtet wurde.

[2]) In dessen Schrift שבע החכמות S. 233; s. über dasselbe die Nachträge.

[3]) Nach der Lesart des בח in einer Randnote z. St.

[4]) Zahl und Inhalt derselben variirt in der Zusammenstellung bei כעשה תורה, wie im כלבו, wo von sechs Verordnungen des sterbenden R. Jehuda an seinen Sohn die Rede ist und für בישכנציב אל תדור es heisst: שאינירין אל תדור עם אדם רע לפי אוי לרשע אוי לשכנו.

verleiten könnten. Nach Scherira im Sendschreiben S. 33 sind Rabba b. Abuhu und R. Nachman nach der Zerstörung Nehardea's nach Schechanzib, Schilhi und Machusa übersiedelt. In Jebamot 37b wird erzählt, dass R. Nachman einmal nach Schechanzib gekommen war, und aus dem, was dort weiter berichtet wird, lässt sich folgern, dass dieser Ort weit entfernt von Nehardea gewesen war. Merkwürdig ist eine Stelle in den Scheeltot des R. Achai Gaon I, § 41, wo die Stelle Kidduschin 70 wiedergegeben wird, aber mehrfach variirend. Zuletzt heisst es: מכריז ר' יהודה בנהרדעא וכו' מכריז ר' נחמן בשכנציב וכו'. Auch in Joma 70a wird[1]) R. Nachman in Schechanzib genannt, wie sich die Gelehrten nach einer Zusammenkunft von ihm verabschieden. — Die Klageweiber von Schechanzib und ihre Reden — sieben an der Zahl — werden in Moed Katan 28b angeführt.

תואך, wo ein R. Samuel seinen Wohnsitz hatte (Nidda 33b), den R. Papa einmal besuchte. Vielleicht hängt dieser Besuch mit jener Erzählung in Baba Kamma 104b zusammen, nach welcher R. Papa in Chusai 12000 Sus zu fordern hatte, die er an R. Samuel b. Acha behufs Eincassirung cedirte. Als dieser mit dem Gelde zurückkehrte, ging ihm R. Papa freudig bis nach תואך entgegen. — Rappoport (Kerem Chemed V, 228) hält die Stadt für Toake am Granis in Persien, welches bereits bei Ptolemäus und Strabo so genannt wird.[2])

תורתא (בי), wohin R. Menaschi ging und einen Götzentempel fand (Sanhedrin 64a), auf dem Wege nach Pumbedita, wo R. Menaschi mit Dieben zusammentraf (Aboda Sara 26a). Davon wahrscheinlich חירתא als Beiname für R. Chanina in Nedarim 57b, dagegen טירתאה ebenda 59b und noch an einigen Stellen.

תל ארזה, in der letzten Mischna des Tractats Jebamot (Bl. 122a), ist mit תל חרשה Esra 2, 59 und Nechemja 7, 61 wahrscheinlich identisch, da die Septuaginta dafür Θελαρσα hat.[3]) Da der Ort in Babylonien liegt,[4]) so war er dem Babylonier Nechemia (איש בית דלי) bekannter als den Palästinensern, dass R. Gamliel d. A. dort eine Entscheidung getroffen, und von der sich R. Gamliel II. später erinnerte, dass er in seiner Kindheit davon gehört.

בי תרבו, in der Nähe von Pumbedita, durch einen Fluss getrennt (Joma 76b).

---

[1]) Nach handschriftlichen Quellen bei Rabbinowitsch in Dikduke Soferim z. St., wonach die Lesart in unseren Ausgaben zu emendiren ist.
[2]) So auch Mannert V², wo dieser Ort heute Bender Rigk heisst und Ritter VIII, 780.
[3]) In der Antwerpener Polyglotte liest die Septuaginta zu Nechemja 7, 61 Θελασρ = תלשר, תלאשר, Jes. 37, 13; s. Gesenius, Thesaurus.
[4]) Nicht nach Palästina, wohin ihn Neubauer, S. 280 versetzt.

Nachträge und Verbesserungen.

S. 3 Note. In späteren Artikeln scheint Rappoport das Werk Ritter's benutzt zu haben; wenigstens citirt er dasselbe im Artikel ציניתא, Hammaggid 1874 S. 148.

S. 9 Z. 31. Die Lesart des Jeruschalmi ed. Lehmann findet sich auch in den Hilchot Gedolot.

S. 16 Z. 20 verb. Pumbedita.

S. 16 Note 1. בעלת wird Balis sein, bei Jâcût erwähnt (S. 446) und bei Ritter X, 1069 und 1072 (Balis oder Belis oberhalb Bir) näher beschrieben.

S. 18. Raschi's Erklärungen zu Kidduschin 71b bedürfen folgender Emendationen: Schlagw. עד נהר עוק muss מן הצפון לדרום statt מן הדרום לצפון gelesen werden; Schlagw. לעיל בדגלת ist צפון statt דרום und Schlagw. ושמואל ist לצפון statt לדרום, ebenso Schlagw. לחחתית בדגלת zweimal לדרום statt לצפון und endlich Schlagw. נפרת ist לצפון statt לדרום zu lesen. Vgl. die Tosefot das. und Rappoport in Hammaggid 1874, S. 122.

S. 18 Z. 14. Ueber den Strom und Kanal Nahrwan s. Ritter X, S. 201 und 231.

S. 18 Z. 29. Nach „Jâcût" ist hinzuzufügen „S. 426."

S. 24 nach Z. 29 ist einzufügen: אישיל ein Fluss (Sanhedrin 92b), s. näher bei Kohut, Aruch I, S. 316.

S. 24 Note 2 ist statt (Erubin 51b letzte Zeile) zu lesen (Gittin 6a) und die Angabe „Erubin 51b" in die Note 3 zu versetzen.

S. 25 Z. 10 ist „Baba Batra 22a" hinzuzufügen.

S. 26 Z. 23 ist nach Soferim noch „Erubin 56a" hinzuzufügen.

S. 31 Z. 8. Einen Personennamen דרו findet man Erubin 29a כן דרו. So auch bei Jâcût (Zeitschrift der deutsch-morgenländischen Gesellschaft XVIII, S. 412 und 436) Dara für Darius.

S. 31 Note 4 ist nach Dur noch in Parenthese einzuschalten „Ritter X, 225."

S. 33 Z. 28. Für הרפניא ist wirklich nach handschriftlichen Quellen (s. Dikduke Soferim zu Sanhedrin 48b) נהר פניא zu lesen. Joel in der Monatsschrift 1867, S. 377 vermuthet, dass dieser Ort eine Ammonitische Colonie gewesen sei, was unwahrscheinlich ist.

S. 34. וולשפט — vielleicht Valavschapat in Armenien, bei Kiepert, Lehrbuch der alten Geographie, S. 81.

S. 35 Z. 27. „Astronom", wie in Pessachim 105b.

S. 37 Z. 28 ist תוסנייא statt וסתינייא zu lesen.
S. 37 Z. 32. Für יפטי lesen handschriftliche Quellen (s. Dikduke Soferim z. St.) זוטר, auch זופטי.
S. 37 Z. 35. כפרי kann nicht Okbara sein, wie Wiesner, Scholien II, S. 54 und D. Hoffmann: Mar Samuel S. 6 schreiben. Okbara = אכברא s. oben S. 18.
S. 38 Z. 17. Kufa ist erst vom Chalifen Omar erbaut und wird wohl von jüdischer Seite zum ersten Male bei Saadia (für das biblische כלנה) genannt; s. Lagarde: Orientalia II, 50. Binjamin di Tudela erwähnt Kufa auf dem Wege zwischen dem Flusse Lega und Sura als eine Gemeinde mit 7000 Juden.
Ibid. Z. 19. לבא kann das bei Mannert V², 306 erwähnte Liba, eine Tagereise von Nisibis entfernt, sein.
S. 45 Z. 5 verb. מסנריא.
S. 46 Z. 21. So schreibt auch Nöldeke in Schenkel's Bibelwörterbuch (Artikel Chebar): Das Fluss- und Kanalsystem Babylonien's hat im Laufe der Jahrtausende so viel Veränderungen erlitten, und es sind so viele Flüsse und Kanäle selbst verschwunden, dass wir am wenigsten die Erhaltung aller Namen erwarten können. Ich nenne hier absichtlich die Kanäle, denn von alten Zeiten bis heute hat man in jenem Lande mit demselben Namen (nahar) sowohl die Flüsse wie die Kanäle genannt, selbst die ganz kleinen, deren es Tausende gab.
S. 54 Z. 29. Für סניא liest man in Cod. München und Rom ספא.
S. 56 Z. 23. Das obere Sura am Euphrat s. näher bei Ritter X, 1080.
S. 57 Z. 15. Die neuesten Ansichten über die Lage von Ur-Casdim s. bei Schrader: Die Keilinschriften, S. 303 und: Keilinschriften und das alte Testament, S. 97 und 529.
S. 59. „Für starke Regengüsse im Westen (Palästina) ist der Euphrat ein grosser Zeuge," lautet eine Regel in Sabbat 65b. Dieser Strom hat nämlich, wie der Nil, gewisse Zeiten, in denen er aus seinen Ufern tritt und weit hinaus das Land überschwemmt. Dies geschieht, wenn in Palästina durch heftige Regengüsse die Flüsse austreten und sich nach dem Tiefland, wie es Babylon bildet, ergiessen.
S. 64 Z. 12. Das Werk Hirschensohn's ging mir von meinem gelehrten Freunde S. J. Halberstam in Bielitz zur Zeit zu, als der dritte Bogen dieser Schrift sich unter der Presse befand. Diese fleissige Zusammenstellung aller im Talmud vorkommenden geographischen Notizen hätte mir in früherer Zeit viel Zeit und Mühe ersparen können. Die eigenen Bemerkungen des Verfassers haben den Werth des Buches nicht besonders erhöht. Die Lautähnlichkeit wird für ihn zu massgebend; sie verleitet ihn z. B. zur Annahme, dass Russland (ריסם S. 230) und Sibirien (סיבריא S. 178) bereits im palästinensischen Talmud erwähnt werden! —

Wie der geographische Begriff „Babylon" überhaupt nach Zeit und geschichtlichen Verhältnissen wechselt, wie je nach der natürlichen und der politischen Eintheilung dem Lande eine verschiedene Ausdehnung gegeben wird, darüber s. Mannert V², 337. Die Beiträge, als welche die gegenwärtige Schrift erscheint, haben es gestattet, diese Schwankungen im geographischen Begriffe Babylonien's unberücksichtigt lassen zu dürfen.

Register.

A. Geographisches Namenregister.

אבויני 26.	בב נהרא 24.	נוא 24.
אביוני 26.	בנדא 18. 25.	גוזן 17.
אביגובר 21.	בגדתאה 25.	גולה 15.
אגריפינה 15.	בדיתא 25.	גיומא 19. 20.
אוונא 18.	בורניץ 28.	גישרא דבי פרת 20.
איהי דקירא 22. 62.	בורסיף 26.	גמדא 20.
איחן 23.	בורצנין 28.	גנוק 17. 28.
אכברא 18.	בור שאפי 26.	גרופינא 15.
אכסני 26.	בי 26. 27.	
אסתוניא 22.	בי בארי 26.	דארו מתא 31.
אסתיניא 37.	בי גובר 26.	דיגלת 28.
אפכיא 18. 22.	בי כובי 27.	דויל 29.
אפסטיא 22.	בי שבור 60.	דומקיא 39.
אקטיספון 22.	ביל 47.	דוקרת 31.
אקרא 22.	בין הנהרות 15. 20.	דורא 30.
— דכוכי 23.	בירם 16. 27.	דיוקרת 31.
— דהגרוניא 23. 32	בירן 28.	דמהריא 30.
— דאנגמא 22.	ביראה 27.	דנק 30.
— דסליקום 23.	בירקא 28.	דסקרתא 30.
— דתולבקני 19. 23.	בית בלתין 16. 28.	דקירא 30.
— דשוניתא 23.	בית בלתי 16.	דרא הדא 31.
אקרוניא 23.	בלת 16.	דרוקרא 30.
אקרוקוניא 23.	בעלת 16. 28.	דרוקרת 30.
ארבה 21.	בר הכוזך 28. 33.	דרדשיר 24. 30.
ארגיוא 23.	בר הרכוך 33.	דרישבא 31.
ארדשיר 23. 24.	ברנש 28.	דרשיש 24.
ארטיבנא 24.		
ארם נהרים 15.	גביני 17.	הגרוניא 23. 31.
אשיל 66.	גדמא 20.	הוכניא 32.
אשחטיה 24.	גוביא 28.	הוצל 32.

57. עיברא	38. 67. לבא	24. הורמיז
17. עוק	34. לולשפט	33. היני
	38. לפט	39. היסקי
32. 58. פום נהרא		34. הפרניא
15. 57. פומבדיתא	22. 38. מברכתא	33. הצלבוני
56. פלג	43. כוכסי	33. הצלפוני
67. פפא	18. 38. 39. כושכי	33. 66. הרפניא
58. פפונא	19. 38. כושכני	
33. 58. פניא	29. 39. מהוזא	18. 34. וזאני
58. פרהטיא	35. כזהוזייתא	34. 66. וולשפט
58. פרוקיא	40. כזחוזנאה	37. 66. ווסתיניא
58. פרשונא	45. מלוגא	34. ורדוניא
58. פרת	45. מסגריא	
34. 60. פרת דבורסי	45. משרוניא	34. זולשפט
44. פרת דמישן	45. מתא מהסיה	17. זרוק
		34. זרוקיניא
24. צינתא	46. נהר	
60. ציחא	47. נהר אבא	34. חביל יכוא
60. ציניתא דבבל	39. נהר יואני	16. הוורן
	39. 51. נהר מלכא	35. חוזאי
38. קופאי	47. נהר ביל	35. חוזאה
60. קורקוניא	20. נהר גמרא	39. חוסקי
61. קטיספון	18. נהר ואני	39. חידקי
62. קמחוניא	33. נהר פניא	53. חלוון
62. קרקסיון	52. נהר פקוד	39. 52. חמרן
62. קשתא	47. נהרדעא	37. חצדד
	39. נהינוור	37. חרתא דארגיז
39. רדמוקי	39. 52. נהוונד	37. חתים
39. רודיא	52. נווניא	37. חתר
44. רחובות עיר	53. ניהר	
62. רכים	53. נינוה	37. טטלפוש
39. רתיקי	53. נציבין	37. טמדוריא
	26. 54. נרש	37. טמוברוריא
29. 63. שביסתנא	24. נחן	
63. שוורי		17. 18. יואני
63. שום טמיא	54. סבתא	37. יוסתיניא
63. שוט מישוט	54. סכוהא	37. 67. יופטי
33. 63. שילי	54. 67. סגיא	17. יוק
64. שכנציב	45. 54. סורא	
63. שלניא	56. סיכרא	38. כורסי
48. שף יתיב	56. סלוג	38. כופי
	43 סליקום	38. כלוהית
15. תבור	57. סקסנא	37. 67. כפרי
65. תואך	15. סרטבה	39. כרך
65. תורתא		38. כרמי
65. חל ארוה	57. עבר ימינא	38. כתיל
65. תרבו		

B. Register der angeführten Schriften.

D'Anville: L'Euphrate et le Tigre (Paris 1779): S. 23.

Bacher, W.: Die Agada der babylonischen Amoräer (Pest 1878): S. 5, 13, 25, 41.

Beer, B.: Leben Abraham's (Leipzig 1859): S. 5.

Berliner, A.: Beiträge zur hebräischen Grammatik im Talmud und Midrasch (Berlin 1879): S. 30.

Derselbe: Die Massorah zum Targum Onkelos (Berlin 1877): S. 50.

Derselbe: Targum Onkelos (Berlin 1884): S. 4, 51, 52.

Brüll, A.: Trachten der Juden im nachbiblischen Alterthume (Frankfurt a. M. 1873): S. 11.

Brüll, N.: Jahrbücher für die Geschichte und Literatur des Judenthums (Frankfurt a. M. 1874): S. 10, 31, 53.

Büchmann, G.: Geflügelte Worte (Berlin 1882): S. 22.

Cassel, S.: Artikel Juden in Ersch und Gruber's Encyclodädie, Abth. II, Band 27 Leipzig 1850): S. 3, 16, 17, 18, 19, 27, 32, 34, 35, 37, 43, 51, 54, 59, 62.

Cassel, P.: Vom Wege nach Damaskus (Gotha 1872): S. 51.

Chajes, H.: Noten zum Talmud, beigefügt dem Talmud (editio Wilna 1882): S. 13, 15.

Chananel-Commentare, beigegeben dem Talmud (editio Wilna 1882) aus einer vom Verfasser dieses in der Angelica zu Rom aufgefundenen Handschrift: S. 7, 10, 26, 28, 30, 31, 33, 34, 38, 44.

Delitzsch, Friedrich: Wo lag das Paradies? (Leipzig 1881): S. 25, 26, 27, 28, 31, 46.

Dillmann, A.: Ueber Baal mit dem weiblichen Artikel (Berlin 1881): S. 28.

Derselbe: Die Genesis (Leipzig 1875): S. 62.

Dunasch b. Labrat. ספר תשובות דוד (London 1854): S. 31.

Emden, J.: Noten zum Talmud, beigegeben dem Talmud (editio Wilna 1882): S. 29.

Fleischer, H.: Nachträge zum neuhebräischen Wörterbuch von Levy (Leipzig 1876—1884): S. 30, 32.

Frankel, Commentar zum Jeruschalmi I (Wien 1874): S. 9.

Grätz, H.: Das Königreich Mesene und seine jüdische Bevölkerung (Breslau 1879): S. 17, 18, 44.

Derselbe: Geschichte der Juden, Band IV (Leipzig 1853): S. 51.

Hehn, A.: Kulturpflanzen und Hausthiere (Berlin 1882): S. 5, 6.

Hoffmann, D.: Mar Samuel (Leipzig 1874): S. 15, 48, 49, 66.

Josephus, Fl.: Archaeologie: S. 27, 28, 32, 42, 43, 48, 49.

Derselbe: Bellum judaicum: S. 27.

Jâcût's Reisen, von F. Wüstenfeld (Zeitschrift der deutsch-morgenländischen Gesellschaft, Band XVIII): S. 24, 32, 47, 52, 53, 61.

Kiepert, H.: Lehrbuch der alten Geographie (Berlin 1878): S. 31, 42.

Kohut, A.: Aruch completum (Wien 1881—84: S. 10, 16, 18, 19, 25, 26, 27, 30, 31, 33, 37, 39, 47, 62.

Lagarde, P.: Semitica I (Göttingen 1878): S. 10.

Derselbe: Gesammelte Abhandlungen (Leipzig 1866): S. 29.

Derselbe: Armenische Studien (Göttingen 1877): S. 30.

Lattes, M.: Giunte e correzione al lessico talmudico (Torino 1879): S. 29.

Layard: Niniweh und Babylon (Leipzig 1854): S. 9.

Lebrecht, F.: Kritische Lese zum Talmud (Berlin 1864): S. 35, 46, 51, 55, 58.

Lehmann, M.: Talmud Jeruschalmi mit dem Commentar Serillo's I (Frankfurt a. M. 1875): S. 9.

Levy, J.: Neuhebräisches Wörterbuch (Leipzig 1876—84): S. 8, 21.
Lewysohn, L.: Die Zoologie des Talmuds (Frankfurt a. M. 1858): S. 23, 27, 42, 54.
Löw, J.: Aramäische Pflanzennamen (Leipzig 1881): S. 7, 8.
Mannert, K.: Geographie der Griechen und Römer (Nürnberg 1797): S. 16, 17, 19, 22, 23, 28, 31, 34, 36, 38, 39, 43, 44, 52, 57, 60, 65, 67.
Monatsschrift für die Geschichte und Wissenschaft des Judenthums: S. 10, 17, 18, 55.
Mühlfelder: Rabh (Leipzig 1871): S. 55.
Mürdter, J.: Kurzgefasste Geschichte Babyloniens und Assyriens (Stuttgart 1882): S. 9, 10, 15.
Neubauer, A.: La Géographie du Talmud (Paris 1868): S. 4, 15, 16, 18, 19, 20, 27, 28, 29, 31, 32, 34, 36, 38, 39, 52, 53, 54, 55, 58, 65.
Nöldeke, T.: Mandäische Grammatik (Halle 1875): S. 26.
Derselbe: Neusyrische Grammatik (Leipzig 1878): S. 26.
Perles: Etymologische Studien (Breslau 1871): S. 10, 30, 40
Rabbinowitsch, R. N.: Dikduke Soferim oder Variae lectiones zum Talmud, wovon bis jetzt 13 Bände erschienen sind: S. 8, 15, 18, 19, 21, 23, 26, 28, 29, 30, 32, 43, 45, 55, 56, 63, 65.
Rappoport, S.: Erech Millin (Prag 1852), Kerem Chemed V und einzelne Artikel im Hammaggid und im Haschachar, aus dem literarischen Nachlasse d. Verfassers mitgetheilt: S. 3, 6, 12, 17, 18, 19, 22, 23, 24, 31, 32, 36, 37, 39, 43, 50, 53, 60, 61, 63, 65, 66.
Riehm's Handwörterbuch des bibl. Alterthums (Leipzig 1883): S. 9, 10, 56, 59, 62.
Ritter, C.: Die Erdkunde von Asien (Berlin 1840—44) Band IX, X, XI: Fast auf jeder Seite angeführt.
Scherira's Sendschreiben an die Gemeinde zu Kairuan, edirt von B. Goldberg (Mainz 1873): S. 15, 32, 39, 40, 42, 46, 48, 51.
Schrader, E.: Die Keilinschriften und das alte Testament (Giessen 1872): S. 62, 67.
Derselbe: Keilinschriften und Geschichtsforschung (Giessen 1878): S. 5, 8, 9, 28, 67.
Schürer: Theologische Literaturzeitung (Leipzig 1883): S. 15.
Straschun, M.: Noten, beigegeben zum Talmud (editio Wilna 1882): S. 45.
Weiss, A.: Kostümkunde (Berlin 1860—72): S. 11.
Wiesner, J.: Scholien zum Talmud, zu 4 Tractaten erschienen (Prag 1867): S. 8, 22, 30, 31, 34, 42.
Wünsche, A.: Bibliotheca rabbinica (Leipzig 1882): S. 58.
Zuckermandel, M.: Supplement zur Tosefta (Trier 1882): S. 54.
Zuckermann, B.: Das jüdische Maasssystem (Leipzig 1867): S. 58.